Rainer Paris
Ein Ball

www.manutius-verlag.de

Bibliografische Information der
Deutschen Bibliothek
Die Deutsche Bibliothek verzeichnet diese
Publikation in der Deutschen Nationalbibliografie;
detaillierte bibliografische Daten sind im Internet über
http://dnb.ddb.de abrufbar.

© Manutius Verlag Frank Würker GmbH
Heidelberg 2016
Druck: Hubert & Co, Göttingen
ISBN 978-3-944512-15-0

RAINER PARIS

EIN BALL

Kleine Schriften zur Soziologie

MANUTIUS VERLAG

Inhalt

Vorbemerkung – Seite 7

Leidenschaft – eine Skizze – Seite 9

Ein Ball – Seite 18

Sonnenbaden. Zur Kulturanalyse eines Massenphänomens – Seite 29

»Die Zeit entsteht mit der Unlust«. Eine kleine Soziologie des Wartens – Seite 43

Die Normalität der Macht – Seite 57

Die Schwerkraft der Gewohnheit. Über den Unfug permanenter Reformen – Seite 64

Gehorsam – Seite 71

Solidarische Beutezüge. Zur Theorie der Seilschaft – Seite 79

Die Kunst der Intrige – Seite 93

Vom Misstrauen – Seite 107

Der Verlierer – Seite 121

Haken und Schublade. Einige Aspekte von Ordnung in Paarbeziehungen – Seite 131

Nachweise – Seite 157

Vorbemerkung

Die zusammengestellten Arbeiten werden als ›kleine Schriften‹ annonciert. *Kleine* Schriften zwar, aber – Schriften! Sie erschienen bei verschiedenen Anlässen und Gelegenheiten in Zeitschriften, Zeitungen und Sammelbänden oder wurden auch als Rundfunkvorträge gesendet. Trotzdem erheben sie einen wissenschaftlichen Anspruch, zielen also auf Systematik und Wahrheit. Bei aller Essayistik der Form geht es stets um (hoffentlich) triftige Argumente und vorgeführte materiale Soziologie.

Der Göttinger Soziologe Hans Paul Bahrdt, einer der prägenden Repräsentanten der deutschen Nachkriegssoziologie, meinte einmal, gute Soziologie müsse so ähnlich funktionieren wie ein Jo-Jo: Vom Konkreten zum Abstrakten, dann wieder zum Konkreten, zum Abstrakten usw. usf. Ein Jo-Jo ist ein senkrechter, in Form einer Doppelscheibe gefertigter Kreisel, der an einer Schnur auf- und abrollt, die man in der Hand hält. Dabei kann man, indem man die Schnur zu sich heraufzieht oder absenkt, in gewisser Weise die Richtung und Rotation der Scheibe steuern und kontrollieren, ja sogar allerlei Kunststückchen vollführen. Es ist nicht ganz einfach, aber wenn man es einmal beherrscht, macht es großes Vergnügen.

R. P., im August 2016

Leidenschaft – eine Skizze

»Denn nichts ist für den Menschen als Menschen etwas wert, was er nicht mit Leidenschaft tun kann.« Der bekannte, vielleicht etwas überraschende Satz Max Webers (1967, S. 12) steht in einer langen Reihe leidenschaftlicher Plädoyers für die Leidenschaft. Andere Beispiele wären William Blake (»Die Straße der Ausschweifung führt zum Palast der Weisheit«) oder George Bernard Shaw: »Wer ohne Leidenschaft lebt, lebt gar nicht. Wer seine Leidenschaft zügelt, lebt nur halb. Wer an seiner Leidenschaft scheitert, hat wenigstens gelebt.«

Was uns an diesen Sätzen gefällt, ist ihr antibürgerlicher Affekt und der kompromisslose Imperativ einer *Vita Activa*. Doch nicht um allgemeine Lebensemphase soll es hier gehen, eher schon will ich fragen, ob Leidenschaft überhaupt etwas ist, das man beschwören oder gar einfordern kann: Zur Leidenschaft können wir uns nicht entschließen, sie ist etwas, was sich einstellt oder ›erwacht‹ und uns im Extremfall gefangen hält. Ferner sollte der Umstand, dass ja auch die zerstörerische, abgründige Seite der menschlichen Natur sich in Leidenschaften manifestiert und durch sie entfesselt werden kann, vor allzu überschwänglichem Lob warnen. Auch die Schädelstätten der Menschheit sind Resultat von Leidenschaften.

Deshalb also rein deskriptiv: Was sind Leidenschaften? Wie können sie analytisch gefasst werden? Ich möchte diese Fragen versuchsweise so beantworten, wie es sich in anderen Forschungskontexten, etwa bei der Untersuchung von Machtmethoden wie Drohungen oder Lob (vgl. Paris 1998), bewährt hat: Man identifiziert verschiedene indexikalische Merkmale des Phänomens, grenzt es von benachbarten, ähnlichen Erscheinungen ab und versucht, über unterschiedliche Akzentuierungen der Merkmale eine Typik zu entwickeln, die der Bandbreite empirischer

Ausprägungen gerecht wird. Gute Dienste leistet bei einem solchen Verfahren, das methodologisch Elemente der Sprechakt-Theorie, der Phänomenologie und der philosophischen Anthropologie miteinander verbindet, ein Synonym-Wörterbuch: Weil es, wie uns die Sprachwissenschaft lehrt, ja keine absoluten Synonyme, also keine vollständige Bedeutungskongruenz verschiedener Wörter gibt, ist der systematische Vergleich der jeweils benachbarten Begriffe und Bezeichnungen ein vorzügliches Mittel, auch die sozialen Nuancen und Verschiebungen herauszuarbeiten, die zwischen den Phänomenen auftreten. Freilich gilt auch hier, wie stets in der Allgemeinen Soziologischen Theorie, dass analytische Differenzierungen gerade nicht als empirische Trennungen aufgefasst werden dürfen, dass also mit realen Vermischungen und fließenden Übergängen immer und selbstverständlich zu rechnen ist.

Dies vorausgeschickt, können Leidenschaften meines Erachtens durch vier Merkmale charakterisiert werden. Sie seien vorweg kurz genannt: 1. emotionale Qualifizierung und Lebensintensität, 2. Objektbezug, 3. Übersituativität/Dauerhaftigkeit und 4. Hierarchisierung von Sinn als Herausbildung einer biographischen Zentralität. Dabei ist klar, dass es sich allenfalls um notwendige, nicht etwa hinreichende Bestimmungen handelt.

1. Leidenschaften sind *emotionale Qualitäten* von Handlungen und Tätigkeiten. Etwas leidenschaftlich tun heißt, ganz, mit Leib und Seele, mit dem Herzen bei der Sache zu sein. Leidenschaften sind Herzensanliegen. Obschon höchst intentional, können sie nicht gewollt werden, sondern grundieren vielmehr unser Wollen. Und sie steigern die emotionale Tönung und Gefühlsschwingungen, die unsere Kognitionen und Wirklichkeitskonstruktionen auch sonst begleiten und immer schon einfärben.

Leidenschaften sind somit starke Gefühle, die sich von alltäglichen Gemütszuständen und Stimmungen abheben. Sie sind grundsätzlich sthenisch, also kraftvoll, nie asthenisch, schwach (vgl. Kutter 1998, S. 22). Ob leidenschaftliche Liebe, Hass oder Eifersucht, extremer Ausdauersport oder Sammelleidenschaft – das übergreifende Kennzeichen ist stets: *Intensität*. Es gibt keine laue, bescheidene und sich bescheidende Leidenschaft. Leidenschaft ist immer intensives Tun und Erleben, und insofern auch: intensives Erleben des Selbst, Vergewisserung eigenen Könnens, unmittelbare, sinnlich gespürte Lebendigkeit. Wichtig ist dabei, dass Leidenschaften sich häufig an Aktivitäten heften, die ein gewisses Spannungs- und Risikomoment aufweisen, also misslingen können. Sie erfordern Konzentration und besondere Anstrengung. Deshalb stehen sie normalerweise außerhalb von Alltagsroutinen und ernten, wo dies doch der Fall ist, nicht selten einen gewissen Spott: Wenn Hausfrauen leidenschaftlich putzen, sprechen wir von einem Fimmel.

Dennoch zeigt das Beispiel, dass Leidenschaften neben dem Merkmal der Intensität auch eine gewisse *Plastizität* aufweisen: Woran Leidenschaftlichkeit sich im Einzelnen festmacht und an welche Aktivität sie sich anlagert, ist sozial und individuell offenbar sehr verschieden, vielleicht sogar kontingent. Ist sie aber erst einmal erwacht, so legt sich die Leidenschaft fest und steuert fortan die Staffelung der Relevanzen. Das heißt zugleich: Leidenschaften *entscheiden* über Handlungsprioritäten, sie funktionieren gleichsam als stabile emotionale Weichenstellungen, die unserem Leben Sinn und Struktur geben.

2. Leidenschaften haben stets einen *zielgerichteten Objektbezug*, eine teleologische Struktur. Sie richten sich auf ein Ziel, dem sie sich zwar nähern können, das aber letztlich unerreichbar bleibt: Sie sind *Sehnsucht* nach die-

sem Ziel. Darin gründet der Leidenscharakter der Leidenschaft: dass sie ihr Ziel am Ende verfehlt, ja verfehlen muss, und dass sie dies weiß.[1] Entscheidend ist jedoch, dass sie deshalb keineswegs davon abgeht. Schon der Weg zum Ziel ist Genuss und Erfüllung, nimmt es in gewisser Weise vorweg. Albert O. Hirschman (1984, S. 96f.) nennt das Beispiel von Wallfahrten: Es wäre völlig unsinnig, die lange Reise und Entbehrungen der Wallfahrer als bloße Kosten aufzufassen, denen am Schluss der Aufenthalt und das Gebet an der heiligen Stätte als Nutzen gegenüberstehen. Stattdessen ist der Weg zwar nicht das Ziel, die Reise, auf der man dem Ziel entgegen fiebert, aber auch kein bloßes Mittel. Die der Leidenschaft zugrundeliegende Teleologie ist somit prinzipiell nicht-instrumenteller Natur; auch wenn die Sehnsucht letztlich ungestillt bleibt, wird sie dadurch keineswegs entwertet. Die schönste Fassung dieses Gedankens findet sich in Joseph Conrads *Lord Jim*: »Dem Traum folgen und nochmals dem Traum folgen und so – usque ad finem – «.

Gleichwohl ist diese Enttäuschungsfestigkeit relativ: Bei dauerhafter Versagung verkümmert die Leidenschaft und versiegt schließlich ganz. Das Erreichen von Teilzielen hingegen stachelt sie an. Und je ausgeprägter und tiefer die Leidenschaft, je mehr sie also an ursprünglicher Plastizität verliert, desto stärker verwandelt sich der Objektbezug in eine strikte Objekt*fixierung*, die auch längere Durststrecken überstehen, ja die Leidenschaft an ihren Hindernissen sogar noch intensivieren kann. Die französische Moralistik des 17. Jahrhunderts brachte diesen Zusammenhang, das Wechselspiel von Begehren und Verzicht, in einer gelungenen Metapher auf den Punkt, als sie das Verhältnis von Liebe und Entfernung mit dem von Feuer und Wind verglich: Die kleine Flamme bläst der Wind aus, aber das große Feuer, das facht er an (La Rochefoucauld).[2]

3. *Übersituativität/Dauerhaftigkeit.* Anders als Affekte oder auch Stimmungen sind Leidenschaften nicht von Situationen abhängig oder darauf beschränkt. In ihnen manifestiert sich eine emotionale Kontinuität, eine Grundgerichtetheit des Handelns und Empfindens, die nicht selten die Gestalt einer Charakterprägung annimmt: In unseren Leidenschaften wissen und spüren wir, wer wir sind und worauf wir hinauswollen. Sie verbürgen somit auch in aufgeregten Zeiten biographische Stetigkeit und personale Identität. Gewiss sind auch sie Schwankungen der Intensität und Phasen größerer oder geringerer Erregung ausgesetzt, doch jenseits dieser Höhen und Tiefen bleibt immer ein Grundtonus stabiler Gefühlsorientierung erhalten, der trotz aller Aufgewühltheit strategisches Denken und abwägende Reflexion keineswegs ausschließt. Unübertroffen ist diese Differenz von Affekten und Leidenschaften schon bei Kant beschrieben:

»Der Affekt ist Überraschung durch Empfindung, wodurch die Fassung des Gemüts aufgehoben wird. Er ist also übereilt, d. i. er wächst geschwinde zu einem Grade des Gefühls, der die Überlegung unmöglich macht (ist unbesonnen). [...] Die Leidenschaft hingegen läßt sich Zeit und ist überlegend, so heftig sie auch sein mag, um ihren Zweck zu erreichen. – Der Affekt wirkt wie ein Wasser, was den Damm durchbricht; die Leidenschaft wie ein Strom, der sich in seinem Bette immer tiefer eingräbt.« (Kant 1983, S. 193)

Ohne dieses Element beharrlicher Dauerhaftigkeit können wir nicht von Leidenschaft sprechen. Ja, es ist gerade diese eigentümliche Legierung und Spannungsbalance von triebhafter emotionaler Aufladung, kognitiv-rationaler Disposition und stabiler Objektorientierung, die das Charakteristische der Leidenschaft ausmacht. Wo hingegen das Merkmal der Intensität verabsolutiert und gegen die anderen Dimensionen ausgespielt wird, verschwinden die

Konturen des Begriffs. »Intensität ist kein Gefühl«, hat Karl-Heinz Bohrer einmal formuliert. Insofern ist die neuere Erlebnisgesellschaft gerade kein Terrain der Entwicklung von Leidenschaften. Die rastlose Steigerung von Intensität und Erregung, die sich an wechselnden Situationen und Aktivitäten festmacht und deren Inhalte austauschbar sind, all dieses Gebaren postmoderner Kasper ist keine Leidenschaft. Es verhält sich zu wirklicher Leidenschaft wie ein Event zum Fest.

Bleibt schließlich 4. die *Hierarchisierung von Sinn* als Herausbildung einer biographischen Zentralität. Leidenschaften sind sinnlicher Sinn. Und sie ordnen die vielfältigen sachlich-sozialen Bezüge und alternativen Lebenschancen, die jede Biographie als offenes Lebenskonzept aufweist, in einer klaren Rangfolge von Zentrum und Peripherie, von Haupt- und Nebensache. Leidenschaften ergreifen uns stets als ›ganzen Menschen‹, wir verschreiben uns ihnen mit Haut und Haar und binden unsere Lebenserfülltheit daran. Sie geben uns Orientierung durch Festlegung, die sich bis zur Verfallenheit, der Aufgabe der Verfügung über uns selbst, steigern kann (vgl. Plessner 1983, S. 71). Aus diesem Grunde wohnt ihnen auch eine gewisse Tendenz zur Totalisierung, zur Ausschließung inne: Laster können wir viele haben, Leidenschaften am Ende aber nur eine. Die Unbedingtheit des Strebens duldet von einem bestimmten Punkt der Fixierung an keine Konkurrenz.

In dieser Zentrierungsleistung des Selbst tangiert die Leidenschaft immer schon die ganze Person. Um sich darin verankern zu können, bedarf es jedoch bestimmter persönlichkeitsstruktureller Voraussetzungen (vgl. Aufmuth 1996, S. 92ff.), einer gewissen Disponiertheit, und es bedarf der Gelegenheit, des außergewöhnlichen Ereignisses, an dem sich die Leidenschaft ›entzündet‹. Beides muss zusammenkommen: der Funke *und* die Entflammbarkeit. Auch hier zeigt sich noch einmal, dass Leidenschaft immer schon gleichzeitig Tun und Widerfahrnis, eine selbstverstärkende Rückkopplung von Handlungen und Geschehnissen ist, die, obwohl höchst intendiert, sich dennoch unserem bewussten Wollen und Steuern entzieht.

Damit unterliegen Leidenschaften einer tiefgreifenden Ambivalenz, die meines Erachtens nie ganz stillzustellen ist. Dies sei hier zum Schluss in der Gegenüberstellung von Passion und Obsession noch kurz illustriert und damit zugleich eine weitere Fragerichtung angegeben. In der Passion steht das Element der schicksalhaften Unausweichlichkeit und des selbst auferlegten Leidens im Vordergrund. Trotz der Vergeblichkeit aller Anstrengungen zeichnet sie sich durch eine große innere Ruhe, einen einverständigen Frieden mit sich selbst aus. Passioniertheit ist weder hektisch noch anmaßend. Anders die Obsession, die Besessenheit, der Fanatismus: Hier ist die Objektfixierung derart verabsolutiert, dass ihr jedes Mittel recht ist. Um sich bedingungslos ausleben zu können, immunisiert sie sich im Extremfall gegen das Leid anderer und suspendiert sich von jeder Verantwortung. Leidenschaft sprengt nicht nur die Panzer gesellschaftlicher Normalitätsvorstellungen und Konventionen, sie kann auch blind und moralisch stumpf machen und entlastet keinesfalls von Schuld. Es gibt also gute Gründe, in der Temperierung der Leidenschaft nicht nur einen Mangel, sondern auch den zivilisatorischen Fortschritt zu sehen, den es gegen die Rhetorik der Entfesselung zu verteidigen gilt.

Andererseits ist die Grenze zwischen temperierter und ungezügelter Leidenschaft oft fließend und nur schwer einzuhalten. Ihre Überschreitung ist stets eine allzu menschliche Möglichkeit. Wie heißt es doch bei William

Blake: »Du weißt nie, was genug ist, bevor du nicht weißt, was mehr als genug ist.«

Anmerkungen

[1] Helmuth Plessner (1983, S. 73) verortet hingegen das Leiden im Freiheitsverlust, mit dem der Leidenschaftliche seine Selbststeigerung bezahlt. Dies scheint mir jedoch insoweit sekundär, als ja erst das mehr oder minder definitive Zerrinnen des Ziels die Zwanghaftigkeit des Handelns in den Vordergrund rückt, während sie im ›süßen Leiden‹ des Verzehrens nach dem Objekt gar nicht als solche empfunden wird. Es ist daher wichtig, stets die Entwicklungskurve der Leidenschaft im Blick zu behalten.

[2] Vgl. zu dieser Problematik auch Simmel 1983, S. 481f.

Literatur

Aufmuth, Ulrich, 1996: Lebenshunger. Die Sucht nach Abenteuer. Zürich-Düsseldorf: Walter.

Blake, William, 1987: Die Hochzeit von Himmel und Hölle. Eine Auswahl aus den prophetisch-revolutionären Schriften (1790-93). Bad Münstereifel: Edition Tramontane.

Hirschman, Albert O., 1984: Engagement und Enttäuschung. Über das Schwanken des Bürgers zwischen Privatwohl und Gemeinwohl. Frankfurt/M.: Suhrkamp.

Kant, Immanuel, 1983: Anthropologie in pragmatischer Hinsicht (1798). Stuttgart: Reclam.

Kutter, Peter, 1998: Liebe, Haß, Neid, Eifersucht. Eine Psychoanalyse der Leidenschaften. 2. Aufl., Göttingen: Vandenhoeck & Ruprecht.

Paris, Rainer, 1998: Stachel und Speer. Machtstudien. Frankfurt/M.: Suhrkamp.

Plessner, Helmuth, 1983: Über den Begriff der Leidenschaft (1950). In: Ders.: Gesammelte Schriften VIII. Frankfurt/M.: Suhrkamp, S. 66-76.

Simmel, Georg, 1983: Soziologie. Untersuchungen über die Formen der Vergesellschaftung (1908). 6. Aufl., Berlin: Duncker & Humblot.

Weber, Max, 1967: Wissenschaft als Beruf (1919). 5. Aufl., Berlin: Duncker & Humblot.

Ein Ball

Im Volkspark sind mir zu viele, manchmal recht aggressive Hunde. Deshalb jogge ich lieber im alten Stadion Wilmersdorf, auf der Anlage des BSV 92, und drehe dort auf der schon sehr ramponierten Tartanbahn meine Runden. Das ist auf längere Sicht zwar nicht gut für die Gelenke, aber es gibt auch keine Spaziergänger, die man umkurven muss, und man kann so den Gedanken freien Lauf lassen. (Außerdem erspart man sich die Peinlichkeit des unmittelbaren Zugleich der verschiedenen Bewegungsarten: Blick und Gesichtsausdruck der Nordic Walker wären eine gesonderte Analyse wert.)

Im hinteren Drittel der Rasenfläche spielen einige größere Jungen Fußball. Sie spielen nicht auf Tore, sondern ›Ball halten‹ in der Luft: Man spielt sich in einem Kreis den Ball mit dem Fuß, Knie oder Kopf gegenseitig zu und versucht zu erreichen, dass er so lange wie möglich nicht den Boden berührt. Plötzlich springt einem der Burschen, der den ihm etwas zu kurz zugespielten Ball mit artistischem Einsatz noch zu schlagen versucht, der Ball derart unkontrolliert von der Fußspitze, dass er in hohem Bogen über die Gruppe hinweg am Ende des Rasens landet und von dort weiter auf die Laufbahn rollt, etwa vierzig Meter vor mir meinen Weg kreuzt und schließlich am äußeren Rand der Bahn austrudelt.

Da liegt er nun, der Ball und was es mit ihm auf sich hat. Für sich genommen, ist er nur ein Ding: ein Gegenstand, gewiss in spezifischer Weise mit spezifischer Absicht gefertigt, der eine konkrete materielle Realität hat, und zwar unabhängig davon, welche soziale Realität und Bedeutungen sich in ihm sonst noch verbergen (vgl. Searle 1997). Ein Ball ist ein Ball ist ein Ball. Auch soziale Tatsachen gründen in unhintergehbaren materiellen Gegebenheiten und bauen darauf auf: Ein Geldschein ist jenseits seiner Funktion als Geld und damit als gesellschaftliche Konstruktion immer auch nur ein in bestimmter Weise bedrucktes Papier, das im Übrigen verrotten oder verbrennen kann und dann auch als Geld nicht mehr existiert. Trotzdem ist es natürlich keineswegs beliebig oder zufällig, dass sich in den allermeisten Gesellschaften Metall und Papier als Geldträger durchgesetzt haben. (Die blöden Varianten des Konstruktivismus verwechseln einfach Konstruiertheit und Konstruierbarkeit: Gender hin oder her – kein neuer Mann wird jemals Mutter!)

Als Artefakt ist der Ball jedoch ›Ball‹ und somit eine soziale Tatsache: Er hat Bedeutung (genauer: Bedeutungen), und er hat diese Bedeutungen nur *für uns*. Welche?

Ich hatte ja schon gesehen, dass die Jungen da spielen. Es hatte mich nicht weiter interessiert, sie waren für mich ›irgendwelche‹ Fußballer: Nebenmenschen ohne individuelle Kontur. Ihre situative Präsenz hatte lediglich den Status der Mitgegebenheit, mein Tun war Laufen und Schwitzen. Trotzdem ›wusste‹ und verstand ich natürlich, was sie da treiben: Fußball spielen heißt, einen Ball im Kooperationsgefüge einer Gruppe nach bestimmten Regeln zu treten und ihn dabei möglichst genau an einen vom Spieler vorausberechneten Ort zu befördern, an dem er vom Mitspieler in der gleichen regelgeleiteten und regelbeschränkten Weise aufgenommen und weitergespielt werden kann. Dabei ist der Ball gewissermaßen der Hauptakteur: Je nachdem, wo er sich gerade befindet, müssen sich alle Beteiligten immer schon so bewegen und darauf einstellen, dass sie ihn dann, wenn sie angespielt werden, kompetent weiterspielen können.

Diese Bedeutung des Fußballs ist mir selbstverständlich präsent und gleichzeitig, solange die anderen damit spielen und ich meine Bahnen laufe, situativ völlig gleichgültig. Da ich nicht mitspiele und auch kein Zuschauer bin, bin ich davon nicht tangiert. Erst als der Ball auf die

Laufbahn und damit in meinen Aktionsradius rollt, ändert sich die Situation grundlegend. Aus dem Augenwinkel sehe ich, dass einer der Jungen, der, der mir am nächsten postiert ist, sich kurz in Bewegung setzt, dann abstoppt und fragend zu mir herüberschaut. Seine Aufgabe wäre es, den Ball zurückzuholen. Zusammen mit dem Blick bekommt der Ball nun einen klaren Aufforderungscharakter: Er zwingt mich zu entscheiden, ob ich ihn ignorieren und weiterlaufen will oder ob ich seinetwegen meinen Laufrhythmus unterbrechen, einen Bogen machen und ihn in Richtung der Gruppe zurückschlagen soll.

Der an dieser Stelle liegende Ball setzt damit auf einen Schlag eine neue Relevanzstaffelung und zugleich eine veränderte Situationsdefinition durch. Er wandert vom situativen Innenhorizont ins Zentrum meines Wahrnehmungsfeldes und ist plötzlich unmittelbares Thema des Handelns. Parallel dazu ist er auch ein *gemeinsames* Thema, ein Fokus der Interaktion zwischen mir und der Fußball spielenden Gruppe. Das Spiel ist unterbrochen und harrt seiner Fortsetzung. Und ich stehe vor der Frage, ob ich von meinem Tun etwas abrücken will, um die Normalität der Situation zu restituieren. Der von der Gruppe entfernte und in meiner Nähe positionierte Ball ›wartet‹ gleichsam darauf, was mit ihm geschehen soll.

Die Voraussetzung dafür, dass ich weiß, was Junge und Ball von mir erwarten, ist, dass ich mich in sie hineinversetzen, ihre Perspektive mir gegenüber übernehmen kann. Der Blick bittet mich um den Gefallen, den Ball zur Gruppe zurückzuspielen und dem Spieler das Ballholen zu ersparen; der Ball sagt mir als toter Gegenstand unmittelbar gar nichts, aber ich muss seine Dingeigenschaften kennen, um ihn im Rahmen der Situation angemessen behandeln zu können. Ich muss wissen, dass er ein Ball und kein Stein ist, wenn ich mich dazu entschließen sollte, ihn zu treten. Wäre ich nicht in der Lage, die Rolle des anderen und ebenso die Rolle des Dings zu übernehmen, könnte ich die Aufforderung zur Kooperation überhaupt nicht realisieren.

George Herbert Mead (1968) hat in seiner klassischen Formulierung einer soziologischen Handlungstheorie die Entwicklung der elementaren Fähigkeit zur Rollenübernahme als einen zweistufigen Prozess beschrieben, den er an zwei Grundformen des Spiels von Kindern und Jugendlichen, *play* und *game*, festmacht. Für das *play* reicht es aus, wenn ich dazu in der Lage bin, mich in die Perspektive jeweils *eines* anderen mir gegenüber hineinzuversetzen und seine Rolle zu übernehmen (*taking the role of the other*). Hierzu muss der andere nicht einmal physisch anwesend sein. Manchmal kann man ein Kind dabei beobachten, wie es ganz alleine ›Vater-Mutter-Kind‹ spielt: Es schimpft sich selbst wegen irgendeines Vergehens mit der Stimme der Mutter aus und schlüpft dann in die Rolle und Stimme des Vaters, der nun seinerseits die Mutter ausschimpft, weil diese das Kind nicht so viel ausschimpfen soll.

Ein kollektives Spiel, das nach dem Mechanismus der einfachen Rollenübernahme funktioniert, ist etwa das Versteckspiel. Ein Kind verdeckt sein Gesicht für eine abgezählte Zeitspanne an einem Baum oder einer Hauswand, und die anderen Kinder versuchen, sich in dieser Zeit im Gelände so geschickt zu verstecken, dass sie von ihm, nachdem es sich umgedreht hat und sie suchen geht, möglichst schlecht gefunden werden können. Um bei diesem Spiel mitspielen zu können, ist es vollkommen ausreichend, wenn jedes der Kinder, die sich verstecken, die Perspektive desjenigen Kindes antizipiert und übernimmt, das sie suchen soll: Sie müssen zusehen, nicht gesehen werden zu können.

Das ist vor allem für kleinere Kinder oftmals gar nicht so einfach. Sie kauern sich hinter ein Mäuerchen, von wo aus sie den anderen nicht sehen können, ohne jedoch zu bemerken, dass ihre Pudelmütze das Mäuerchen überragt. Erst nachdem sie auf diese Weise völlig überraschend immer als erste entdeckt worden sind, lernen sie schließlich, in der Übernahme der Rolle des anderen nun auch auf den eigenen Körperumriss zu achten und sich entsprechend tiefer zu ducken.

Für *games,* Wettkampfspiele, die zwischen Mannschaften ausgetragen werden, gelten hingegen andere psychische Anforderungen der Kooperation. Mead spricht hier von der Übernahme der Rolle des verallgemeinerten Anderen (*generalized other*). Entscheidend für diese zweite Stufe der Rollenübernahme ist, dass jeder Mitspieler zu jedem Zeitpunkt des Geschehens das Spiel nur dann spielen kann, wenn er dazu in der Lage ist, sich nicht nur in die Perspektive eines anderen Akteurs, sondern darüber hinaus, freilich in situativ gestaffelter Art und Weise, gleichzeitig in die Perspektive *aller* anderen Akteure auf dem Spielfeld zu versetzen, um der eigenen Partei zum Erfolg zu verhelfen. Als Fuß- oder Handballer in einer Mannschaft zu spielen, heißt, sich selbst und die anderen von vornherein in einem übergreifenden dynamischen Kooperationszusammenhang, einem sich ständig neu ordnenden Beziehungsgeflecht zu verorten und sein Handeln darauf abzustimmen.

Gewiss ist für das direkte Zuspiel des Balles zunächst einmal die unmittelbare Übernahme der Rolle des Mitspielers ausschlaggebend, den ich anspielen will; doch im Kooperationsgefüge einer Mannschaft kann ich diese Einzelhandlung nur dann sinnvoll platzieren, wenn ich zugleich die Rolle aller anderen Spieler der eigenen Mannschaft und ebenso die meine Absicht durchkreuzenden Anstrengungen und Möglichkeiten der gegnerischen Mannschaft psychisch antizipieren und berücksichtigen kann.

Natürlich ist auch die Herausbildung und Vervollkommnung der Fähigkeit zur Übernahme der Rolle des verallgemeinerten Anderen in hohem Maße altersabhängig und variiert mit den jeweiligen Entwicklungsniveaus. Ein Fußballtrainer, der in einem Verein sogenannte Bambini-Mannschaften betreut, erzählte mir einmal von den großen Differenzen, die er beim Mannschaftstraining mit den Fünf-/Sechsjährigen gegenüber der Arbeit mit den Acht- bis Zehnjährigen habe feststellen können. Während die älteren Kinder oftmals schon zu komplizierten taktischen Spielzügen, etwa das rasche Umschalten von Verteidigung auf Angriff, Freilaufen des Flügelmanns mit Raumöffnung in der Mitte usw. angeleitet werden könnten, würden die Kleinen eben nur äußerst schwer davon abzuhalten sein, einfach immer nur dorthin zu rennen, wo der Ball gerade ist, um schließlich an dieser Stelle einen Haufen zu bilden: »Die spielen im Grunde gar nicht Fußball, sondern Haufenball.«

Das Problem ist klar: Statt den für den Mitspieler erreichbaren Ball diesem auch zu überlassen und selber dorthin zu laufen, wo sie demnächst angespielt werden können, übernehmen sie ausschließlich die Rolle des Hauptakteurs, nämlich des Balls, und stürmen in seine Richtung. Die Haufenballer spielen das *game* gewissermaßen noch in der *play*-Einstellung.

Eine Schwachstelle dieser Bambini-Mannschaften ist übrigens häufig der Torwart: Wenn sich das Spielgeschehen weit entfernt vor dem gegnerischen Strafraum abspielt, legt er sich auch schon mal ins Gras oder geht neben seinem Tor Blumen pflücken.

Ein Spezialfall der Rollenübernahme ist die Übernahme der Rolle des Dings. Dass auch die Erkundung und das Erlernen des Umgangs mit dinglichen Objekten durch diesen Grundmechanismus reguliert wird, zeigt wiederum das kindliche Spiel. Ein Kleinkind sitzt auf dem Boden, umgeben von Bauklötzen und einem Ball. Wenn es den Ball berührt oder ihm einen Schubs gibt, rollt er weg. Die Bauklötze tun das nicht, dafür lassen sie sich stapeln. Nach mehreren Versuchen lernt das Kind, dass es das Wegrollen des Balles beeinflussen kann, indem es die Intensität des Anstoßens variiert. Ein Nachteil ist, dass ein zu stark angestoßener Ball so weit wegrollt, dass er den unmittelbaren Aktionsradius verlässt und nur mit großer Anstrengung (Hinterherkrabbeln) zurückgeholt werden kann.

Doch dann macht das Kind eine sensationelle Entdeckung: Wenn es den Ball mit einiger Wucht in eine Richtung stößt, wo er gegen eine Wand prallt, kommt er auf unerklärliche Weise zurück und kann von ihm ohne größere Mühe aufgenommen werden. Es erfährt, dass ein Ball eben mehr und anderes ist als eine Kugel. Und das Gleiche wiederholt sich, wenn es schließlich gelernt hat, den Ball gegen die Wand zu werfen und die Flugbahn des abprallenden Balles so zu berechnen, dass es, nach entsprechenden Übungsfortschritten in der Feinmotorik der Hand, ihn sogar auffangen kann. Ohne ein Sich-Hineinversetzen in die ›Perspektive‹ des Dings gegenüber der eigenen Person wäre das alles gar nicht möglich.

Es ist klar, dass die situative Übernahme der Rolle des Dings umso diffiziler und anspruchsvoller ist, je vertrackter und unberechenbarer seine Dingeigenschaften sind. Und diese Schwierigkeit wird noch einmal beträchtlich erhöht, wenn es sich bei dem Ding, dessen Rolle übernommen wird, um einen sich rasch bewegenden Gegenstand handelt, und gleichzeitig derjenige, der die Rollenübernahme vornimmt, sich selbst womöglich in rascher Bewegung befindet. Dies ist bei den Ballsportarten, und zwar nicht nur bei denen, die als Mannschaftsspiel ausgetragen werden, bekanntlich der Normalfall: So erfordern zum Beispiel die Ballgeschwindigkeiten und Laufleistungen beim Tennis eine noch viel größere Intuition und Virtuosität in der Übernahme der Rolle des Balls (und des Gegners), als sie etwa für den Handballer nötig sind.

Der Vergleich verdeutlicht einen weiteren wesentlichen Punkt: die Restriktion und Limitierung der Übernahme der Rolle des Dings durch die Regeln des Spiels. Kein Spiel ohne konstitutive und regulative Regeln. Die konstitutiven Regeln müssen erfüllt sein, damit das Spiel überhaupt gespielt werden kann (beim organisierten Fußball: die Abmessungen des Spielfelds und der Tore, Spieldauer, Mannschaftsstärke usw.); die regulativen Regeln hingegen schreiben vor, *wie* das Spiel gespielt werden soll (z. B. welcher Körpereinsatz ein Foul ist, ob Abseits vorliegt oder nicht); sie sind grundsätzlich auslegungsfähig und müssen daher stets situativ appliziert, also im Normalfall durch einen Schiedsrichter überwacht und entschieden werden.

Vor allem aber definieren sie strikt die erlaubte Ballbehandlung: Die Feldspieler im Fußball dürfen den Ball nur ohne Zuhilfenahme von Armen und Händen spielen, die Volleyballer schlagen ihn mit den Händen, ohne ihn fangen zu dürfen, Hand- und Basketballer können ihn fangen, müssen ihn aber nach einer bestimmten Anzahl von Schritten auftippen oder abspielen. Wie auch immer die Regeln ausgestaltet sind, stets schreiben sie dem Spieler eindeutig vor, in welcher Weise er die Übernahme der Rolle des Dings in seinem Verhalten zu praktizieren hat.

Mehr noch: Indem die Regeln vorgeben, wie der Ball gespielt werden muss, bestimmen sie gleichzeitig indirekt über die spezifische Mischung und Entwicklungsrichtung derjenigen Fähigkeiten und Fertigkeiten, die der Spieler für die Perfektionierung der Ballbeherrschung braucht. Diese sind nämlich für die verschiedenen Ballsportarten höchst unterschiedlich. Ein Vergleich von Fußball und Handball kann das illustrieren: Beim Handball ist der Ball wesentlich leichter unter Kontrolle zu bringen, dadurch, dass er gefangen wird. Die Bewegung des Balls wird in der Greifbewegung der Hände stillgestellt, bevor er dann durch den Wurf eine erneute Richtungsänderung erfährt. Der menschliche Fuß ist hingegen eigentlich nicht besonders gut eingerichtet, um damit kontrolliert Bälle zu schlagen. Ihm fehlt der frei konvertierbare Daumen, mit dem die Primaten noch zugreifen können.

Deshalb ist für den anthropologisch benachteiligten Fußballer bereits das Stoppen des Balls oftmals eine geradezu artistische Leistung: Dem heranfliegenden Ball muss mit dem Fuß oder dem Körper die Wucht genommen werden, und er darf dann gerade nur so weit abprallen, dass er auch angesichts der heranstürmenden Gegenspieler zuverlässig weitergespielt werden kann. Der Fußballer muss sich also weit mehr als sein Handballkollege in einer besonderen Weise ›einfühlen‹ in die Bewegung und Dingeigenschaften des Balls: Er muss in seiner eigenen Bewegung die Bewegung des Balls gleichsam verlängern, sich seiner Flugbahn anschmiegen und ihm trotzdem die gewünschte Richtungsänderung geben. Etwas pointiert könnte man sagen, dass der Handballer den Ball spielt, während der Fußballer *mit* dem Ball spielt. (Deshalb sind die schönsten Tore beim Handball oftmals diejenigen, die, wie etwa der Kempa-Trick, nach dem Muster von Flanke und Kopfball erzielt werden.)

Die Beispiele zeigen: Es sind gerade die das Handeln extrem reglementierenden Regeln des Spiels, die die Entwicklung von Könner- und Meisterschaft, ja Virtuosität überhaupt erst ermöglichen.

Spielen ist eine Grundform menschlichen Tuns. Heinrich Popitz hat sie in einer kleinen, wunderschönen Studie dechiffriert (Popitz 1994). Die charakteristischen Merkmale dieses Handelns sind: Freiwilligkeit, Anstrengung/Geschicklichkeit, Wiederholung und Modifikation,

Spannung, Ungewissheit des Ausgangs. Ferner eine eigentümlich dialogische Struktur: Der Spielende spielt mit etwas, das auch mit dem Spielenden spielt. Deshalb bleibt in jedem Spiel trotz aller Perfektionierung des Könnens durch Übung und Training stets ein Moment der Unwägbarkeit und des Unberechenbaren erhalten, Zufall und Glück mischen sich – oft entscheidend! – überall ein. Und am Ende des Spiels gibt es zwar einen Sieger und einen Verlierer, aber wenn es ein gutes Spiel war, haben beide gewonnen.

Die Ursache dieser Selbststeigerung sieht Popitz letztlich in der Zweckfreiheit solchen Tuns. Das Spiel findet seinen Zweck in sich selbst und in seiner Beschränkung auf die Situation des Spielens. Hierin liegt der entscheidende Unterschied zu Lernen und Arbeit:

»Spielend bringen wir nichts Bleibendes hervor, weder ein Werk noch ein neues Wissen. Der ›Ertrag‹ des Spiels erschöpft sich in der Erfahrung eines im Tun erfüllten Sinns. Wir setzen nichts Neues in die Welt und bekommen nichts Neues über die Welt heraus. Der Spielende hinterläßt kein Ergebnis, kein Produkt seines Tuns. Im Spiel ist der Mensch auf unproduktive Weise kreativ. Das ist die eigentümliche, die eigentümlich bezaubernde Dimension des Spielens: daß der Mensch unproduktiv kreativ sein kann.« (Popitz 1994, S. 31)

Und der Ball? Natürlich stoppe ich ab und spiele ihn, nicht besonders geschickt, zurück.

Literatur

Mead, George Herbert, 1968: Geist, Identität und Gesellschaft. Aus der Sicht des Sozialbehaviorismus (1934). Frankfurt/M.: Suhrkamp.

Popitz, Heinrich, 1994: Spielen. Göttingen: Wallstein.

Searle, John R., 1997: Die Konstruktion der gesellschaftlichen Wirklichkeit. Zur Ontologie sozialer Tatsachen. Reinbek bei Hamburg: Rowohlt.

Sonnenbaden

Zur Kulturanalyse eines Massenphänomens

In jedem Jahr ist es das Gleiche. Wenn im März für einige Stunden die ersten wärmenden Sonnenstrahlen durchbrechen, verwandelt sich die Atmosphäre der Gesellschaft. Die Straßencafés füllen sich, alles strebt nach draußen und einige Wagemutige legen sich trotz der noch kühlen Temperaturen bereits auf die Wiese im Park. Und wenn es dann endgültig Frühling und Sommer wird und die Urlaubszeit anbricht, ist kein Halten mehr: Scharenweise zieht es die Menschen in Freibäder und an Seen und Strände, nicht nur zum erfrischenden Baden und Schwimmen, sondern auch, um sich bei dieser Gelegenheit lange und ausgiebig in die Sonne zu legen.

Warum tun sie das? Welche subjektiven und/oder sozialen Bedeutungen hat diese Praxis? Worin liegt ihre geradezu magische Anziehungskraft? Ich möchte versuchen, diese Fragen hier in drei Schritten skizzenhaft zu beantworten. Die sachlich-theoretischen Stichworte meiner Argumentation sind: ›Anti-Urbanität‹, ›Status durch Faulheit‹ und ›autoerotisches Nebeneinander‹.

I.

In einem sehr allgemeinen Sinne haben die Lust und das Vergnügen am Sonnenbaden sicherlich ihren Ursprung in einer umfassenden gesellschaftlichen Tendenz, einer übergreifenden, wenngleich sozial durchaus uneinheitlichen kulturellen Bewegung des ›Zurück zur Natur‹. Sie sind somit Ausdruck und Teil einer kompensatorischen Reaktion auf grundlegende Mentalitätsverschiebungen und Erfahrungen kollektiver Entfremdung, wie sie in den letzten beiden Jahrhunderten insbesondere mit den Umwälzungen der Industrialisierung und Urbanisierung verbunden waren. Vor allem die Verstädterung, die Zwänge räumlicher Verdichtung, die Entkopplung von Arbeit und Haushalt in der industriellen Produktion sowie die damit einhergehende Rationalisierung der Lebensführung, ließen zunächst in den oberen Schichten, im ersten Drittel des vergangenen Jahrhunderts dann aber auch in den breiten Massen der Angestellten das Bedürfnis entstehen, die Erfahrungsarmut und einseitigen Belastungen des Büroalltags durch die sinnliche Unmittelbarkeit naturnaher Freizeitvergnügungen auszugleichen und dem rastlosen Getriebe der Großstadt zumindest zeitweise durch unbeschwerte Aktivitäten an der ›frischen Luft‹ zu entgehen.

Im Zentrum dieser Entwicklung stehen ein neues Erleben des eigenen Körpers sowie eine veränderte Wahrnehmung von Landschaft und Natur. Das Paradigma dafür, Sinn- und Wunschbild zugleich, ist der Strand. Weit davon entfernt, ein bloßer Sandsaum der Küste zu sein, verdichten sich in ihm die unterschiedlichsten – realen *und* phantasierten – Vorstellungen und Empfindungen von Freiheit, panoramatischer Weite und Ungezwungenheit, natürlicher Harmonie und (dosierter) Gefahr, die Chancen von Muße und Einsamkeit ebenso wie Formen und Bilder lustvoller Gesellung und Gemeinschaftlichkeit. Der Strand – das ist grundsätzlich ein Amalgam ganz verschiedener Sinneseindrücke und Erlebnisweisen, die sich ständig vermischen und abwechseln, gleichzeitig jedoch allesamt ihre Attraktion aus dem Gegensatz zu den ›vermittelten‹ Rationalitäten und Zielgerichtetheiten, den zeitlichen und räumlichen Standardisierungen des Großstadtlebens beziehen.

Das Grundgesetz des Strandes – und darin eingebettet: des Badens und Sonnenbadens – ist mithin die Erfahrung einer anti-urbanen, kompensatorischen Unmittelbarkeit. Sobald wir am Strand sind, überkommt uns ein Gefühl von spontaner, intuitiver Freiheit und sinnlich gespürter Lebendigkeit. Zentral ist dabei vor allem die Intensität einander ablösender Reize und Empfindungen, durch die das Erleben gesteigert wird. Wer soeben noch fröstelnd aus dem Wasser gekommen ist und sich nun auf dem Handtuch in die Sonne legt, überlässt sich ganz den Reaktionen des eigenen Körpers und kostet sie aus. Die anfänglich noch spürbare Kälte und Erschöpfung nach der Anstrengung des Schwimmens, also der Nachhall und die Abschattung des unmittelbar zuvor Erlebten, weichen nach und nach dem wohligen Gefühl einer Umhülltheit von Wärme und Licht, das sich immer weiter verstärkt und als tiefe Entspannung erlebt wird. Es ist dieses unmittelbare Gefühl der Losgelöstheit von allen sonstigen Zwängen und Sinnbezügen, das Eintauchen in einen anderen Kosmos, was uns in der Sonne ›baden‹ lässt: Kaum haben wir die Augen geschlossen, sind wir ganz bei uns selber und genießen die Intensität und den Wechsel der Sinneseindrücke, das Zusammenspiel der Reize von äußerer und innerer Natur.

Die Anziehungskraft des Sonnenbadens liegt also zuallererst in der Chance einer intensiven, ungefilterten und zugleich nicht-instrumentellen Körpererfahrung. In der philosophischen Anthropologie gibt es die klassische Unterscheidung von ›Körper-Sein‹ und ›Körper-Haben‹ – Sonnenbaden ist unter diesem Aspekt eine der wenigen gesellschaftlichen Situationen, die es uns gestatten, in einen puren Sinne Körper *zu sein*. Jegliche instrumentelle Rationalität, die die Verwendung des Körpers als Träger der Hervorbringung von Leistungen und Produkten in der modernen Gesellschaft nicht nur in der Arbeitswelt auszeichnet, ist hier von vornherein ausgeblendet: Sich in die Sonne zu legen, ist nicht nur Nicht-Arbeit, sondern auch Nicht-Sport. Sonnenbadend leisten wir buchstäblich nichts. Sogar von den Anforderungen des Spiels, dessen Reiz darin besteht, kreativ sein zu können, ohne produktiv sein zu müssen (vgl. Popitz 2000, S. 81), sind wir in dieser Situation befreit. Wo das moderne Leben der Großstadt idealtypisch nach den Kriterien der Effizienz und Zweckrationalität, einer fortwährenden Kontrolle der Aufmerksamkeiten funktioniert, schaffen sich die Menschen in einer solchen Praxis ein Refugium und Reservat sinnlicher Unmittelbarkeit, das sie von diesen Zwängen entlastet – auch, um die Belastungen dann wieder tragen und aushalten zu können.

II.

Ein sichtbarer und dauerhafter Effekt des Sonnenbadens ist die Bräunung der Haut. Diese wird als Merkmal körperlicher – auch erotischer – Attraktion von vielen Sonnenbadenden bewusst angestrebt und nach dem Urlaub stolz präsentiert. Längst hat sie sich in unserer Gesellschaft zu einem Statusmerkmal entwickelt, das, zusammen mit anderen Accessoires[2] und Praktiken, einen bestimmten Lebensstil anzeigen soll. Was aber macht den kulturellen Symbolwert der Sonnenbräune eigentlich aus, worin ist er begründet?

Die Antwort darauf ist nicht so einfach, wie es zunächst aussieht. Noch bis in die zwanziger Jahre des letzten Jahrhunderts war die gebräunte Haut in den oberen Schichten zugunsten einer ›vornehmen Blässe‹ weithin verpönt: Sie galt als Zeichen und Makel körperlicher Arbeit, die im Freien verrichtet werden musste. Man fuhr zwar in die Sommerfrische, vermied aber, sich direkt der Sonne auszusetzen. Dies änderte sich erst, als einige bewunderte Idole und Leitfiguren der Gesellschaft diese tradierten Vorstellungen durchbrachen und sich zusammen mit der Ausbreitung des maritimen Tourismus allmählich neue ästhetische Normen der Körperwahrnehmung durchsetzten. Eine gewisse Zäsur in diesem Prozess scheinen etwa die längeren Aufenthalte Coco Chanels auf der Segeljacht des Duke of Westminster gewesen zu sein.[3] Wasser und Luxus, Baden und Sonnenbaden werden so zu Elementen eines öffentlich vorgeführten ›prominenten‹ Lebensstils und verschmelzen in dieser Ikonographie zu einem einheitlichen Wunschbild von Reichtum, Schönheit und Vergnügen.

Die Umdeutung der Sonnenbräune ist damit vollzogen: Braun zu sein, signalisiert von nun an einen luxurierenden Umgang mit der knappen Ressource Zeit. Wer es sich ›leisten‹ kann, sich über längere Zeit in die Sonne zu legen und von ihr bräunen zu lassen, verfügt offenbar über ein großes Quantum freier und disponibler Zeit – und dies wiederum verweist indirekt auf eine hohe Berufsposition und den damit verbundenen sozialen Status. Die Bräunung der Haut demonstriert allen anderen die Nicht-Eingebundenheit ihres Trägers in das Zeitkorsett der normalen Berufsarbeit und stellt ihn als jemanden vor, der es anscheinend nicht nötig hat, seine Zeit rationell zu nutzen und sie nicht zu verschwenden. (Dies ist übrigens der Grund, weshalb in bestimmten, gerade von der Zeitgestaltung her privilegierten Institutionen und beruflichen Milieus, etwa an der Universität, eine allzu intensive Bräune oftmals eher beargwöhnt und stigmatisiert wird: Sie gilt dort nämlich als mögliches Indiz für einen laxen, berufsfremden Umgang mit der verfügbaren Zeit und wird entsprechend als Mangel an Engagiertheit und Selbstdisziplin interpretiert.)

Die Statusbedeutung der Sonnenbräune ist also ursprünglich eng verknüpft mit einer bestimmten Grundvorstellung von zeitlicher Unabhängigkeit und Muße, sie erwächst aus der Unterstellung eines gewissen Entlastetseins von den materiellen Zwängen und zeitlichen Restriktionen der Arbeitswelt, denen der Normalbürger unterliegt. Andererseits hat auch dieser Normalbürger durchaus die Möglichkeit, sich in seiner freien Zeit in die Sonne zu legen, das heißt, auch er kann das Statusattribut der Sonnenbräune erwerben, obwohl er über die darin symbolisierte Autonomie eigentlich gar nicht verfügt. Und dabei handelt es sich keineswegs einfach um Täuschung, sondern um eine grundsätzliche Ambivalenz der Sache, eben der Sonnenbräune selbst: Sie verweist indirekt auf ein Leben als Freizeit und Luxus und ist als denkbar einfache Praxis gleichzeitig zugänglich für jedermann. Die Sonne lässt sich eben nicht privatisieren, sie gehört sozusagen allen. Es ist gerade diese Verbindung von elitärer Attitüde und allgemeiner Erreichbarkeit, von assoziiertem Luxus und ›demokratischer‹ Gelegenheit, in der ich einen wichtigen Schlüssel für die Beantwortung der Frage sehe, warum sich das Sonnenbräunen in unserer Gesellschaft so sehr als Massenaktivität durchsetzen konnte.

Hinzu kommt ein weiterer, für die Ausbreitung der Aktivität vermutlich entscheidender Aspekt. Im Gegensatz nämlich zu den ›normalen‹ Prinzipien des Statuserwerbs, die in unserer Gesellschaft einen Zugewinn an Sozialprestige idealtypisch nur als Ergebnis beruflicher oder sonstiger Leistungen, also als Resultat von Mühen und Anstrengungen zulassen, ist die Situation des Sonnen-bräunens ja gerade dadurch gekennzeichnet, dass sich hier das erwünschte Statusattribut als direkte Folge einer bestimmten Art von Passivität, als Konsequenz wohligen Nichtstuns einstellt. Die Lust an der Situation wird auf diese Weise noch einmal gesteigert. Sonnenbaden ist damit nicht nur das intensive Erleben von Körper und Natur, sondern darüber hinaus eine gesellschaftlich anerkannte und sogar prestigeträchtige Möglichkeit, mit gutem Gewissen faul zu sein.

Status durch Faulheit – dies scheint mir zusätzlich zu den unmittelbaren Genussmomenten der Situation die untergründige Formel zu sein, die Jahr für Jahr Millionen von Menschen dazu bringt, sich bei jeder Gelegenheit und besonders natürlich im Urlaub in die Sonne zu legen und von ihr bräunen zu lassen. Die soziale Bedeutung der Sonnenbräune enthüllt sich in dieser Perspektive darin, dass sie innerhalb der etablierten Mechanismen der Leistungsgesellschaft gewissermaßen eine ›Nische‹ im Leistungsprinzip darstellt, dass sie es ermöglicht, die Orientierung an einem herausgehobenen sozialen Status gleichzeitig mit einer Aktivität zu verbinden, die den sonstigen Maximen des Statusstrebens, also den Prinzipien von Leistung und Askese, diametral entgegensteht. Das Leistungsprinzip wird auf diese Weise gleichsam ausgetrickst und überlistet. Eine solche Überlistung ist möglich, weil in der symbolischen Konstruktion der Sonnenbräune das Sonnenbaden eben nicht als Faulheit, sondern als Freizeit und Muße, also als Konsequenz eines durch Leistung erworbenen sozialen Status erscheint. Indem so in der Wahrnehmung der Situation der normative Zusammenhang von Status und Leistung immer schon vorausgesetzt wird, kann er umgekehrt auf der Ebene des faktischen Verhaltens ein Stück weit unterlaufen und außer Kraft gesetzt werden.

Ist aber die Bedeutung der Sonnenbräune als Statussignal und erotische Attraktion erst einmal etabliert und verinnerlicht, so ergeben sich daraus weitreichende Konsequenzen für die Dynamik der Aktivität selbst. Mit der kulturellen Verfestigung des Symbolwerts der Sonnenbräune eröffnet sich gleichzeitig die systematische Möglichkeit, die erwünschte Bräunung der Haut von nun an als einen gesonderten, eigenständigen Zweck zu definieren und als strategisches Handlungsziel zu verfolgen. Der Wunsch, braun zu sein, gewinnt gegenüber dem Vergnügen, braun zu werden, grundsätzlich Vorrang und verwandelt das Sonnenbaden im Extremfall in eine rein instrumentelle Tätigkeit, die das Erleben und die Wahrnehmung der Situation von vornherein an Zweck-Mittel-Kategorien orientiert und sich nur noch auf die ästhetische Selbststilisierung des eigenen Körpers bezieht.

Die Aktivität (oder besser: Passivität) des Sonnenbräunens nimmt unter diesen Voraussetzungen oftmals geradezu Leistungscharakter an: In dem unbedingten Bestreben, möglichst rasch möglichst intensiv braun zu werden, verkehrt sich das ursprüngliche Genießen der Situation in den selbst auferlegten Zwang, unter allen Umständen in der Sonne auszuharren und sich von ihr ›braten‹ zu lassen. Das in der Formel ›Status durch Faulheit‹ angesprochene Unterlaufen des Leistungsprinzips wird auf diese Weise gewissermaßen selbst noch einmal unterlaufen: Die Anstrengung, braun zu werden, ist in dieser Einstellung der paradoxe Versuch, sozusagen unter Leistungsgesichtspunkten faul zu sein. Sie erscheint damit als ein typisches Beispiel für jene moderne, vielleicht auch postmoderne »Moral der Pflicht zum Genuß« (Bourdieu 1982, S. 576), also die zunehmende Unfähigkeit, Genuss und Vergnügen anders als unter Leistungsgesichtspunkten wahrnehmen zu können.

Zudem ist offensichtlich, dass mit der Verabsolutierung des Bräunungswunsches auch die vollständige Ablösung von der Realsituation des Sonnenbadens möglich wird. Für den Benutzer des Solariums[4] ist das Erlangen des angestrebten Bräunungsgrades eine ausschließlich kosmetische Operation, die allerdings, etwa als Vor- oder Nachbräunen im Hinblick auf den Urlaub, oftmals durchaus im Horizont des ursprünglichen Genusserlebnisses gesehen wird. Entsprechend vielfältig und diffus sind heute die Kombinations- und Separierungsmöglichkeiten, und das bedeutet zugleich, dass wir von einer kompakten, gleichsam homogenen Bedeutung der Sonnenbräune im Sinne einer klaren Statuszuordnung und Verortung ihres Trägers kaum mehr sprechen können. Stattdessen wirkt sich die kulturelle Aufsplitterung der modernen Gesellschaft – Soziologen sprechen mitunter von einer neuen Form von ›Tribalismus‹ – aufgrund der damit einhergehenden Diversifizierung der Körperbilder auch auf die speziellen Interpretationen und Zuschreibungen aus, die wir mit der Wahrnehmung eines konkreten gebräunten Gesichts oder Körpers verbinden. Mit der massenhaften Ausbreitung und Veralltäglichung einer Praxis sinkt notwendigerweise ihr Distinktionswert, weshalb wir für die immer schon stattfindende Typisierung einer Person auf weitere Zuordnungsmerkmale und Habituskennzeichen zurückgreifen müssen.[5]

III.

Zurück zum Strand. Das Sinnzentrum des Sonnenbadens liegt, wie anfangs ausgeführt, in der unmittelbar sinnlichen Erfahrung des eigenen Körpers und der ihn umgebenden Natur. Wir spüren die Wärme der Sonne und genießen das Prickeln des langsam trocknenden Salzwassers auf unserer Haut, und dies umso mehr, als wir jederzeit die Möglichkeit erneuter Abkühlung haben. Dennoch ist der Strand nicht nur eine Gelegenheit ungefilterter Erfahrung äußerer und innerer Natur, sondern auch und vor allem eine soziale Situation, ein Arrangement, an dem in der Regel eine Vielzahl von Akteuren beteiligt ist. Gewiss ist der Strand in den Wunschvorstellungen der Phantasie meist unberührt und einsam: Nichts soll die Unmittelbarkeit des Naturerlebnisses stören oder davon ablenken. Und doch sind empirische Strände nur allzu oft überfüllt, erweist sich die vorgestellte Situation zunächst als Illusion.

Als soziale Situation ist der Strand trotz aller demonstrativen Ungezwungenheit in Wirklichkeit hoch strukturiert. Er gliedert sich in Territorien und Gruppenräume, schreibt Abstände vor, die seine Benutzer einhalten müssen, definiert konkrete und subtile Sittennormen angemessenen Verhaltens.⁶ Weit davon entfernt, ein Areal von Freien und Gleichen zu sein, reproduziert auch der Strand, wenngleich in abgeschwächter Weise, die etablierten Mechanismen sozialer Ungleichheit. Ein drastisches Beispiel ist das Auftauchen eines Bauarbeiters, auf dessen Haut sich die Konturen des Unterhemds abzeichnen, das er bei seiner Arbeit immer getragen hat. Auch am Strand gibt es jede Menge Pflastersteine der Diskriminierung.

Dennoch ist der Strand, etwa im Vergleich zu formalen Organisationen, eine relativ offene Ordnung. Der Grund dafür liegt einerseits in der ›heiteren‹ Gestimmtheit des Strandes als eines Ortes gemeinschaftlichen Freizeitvergnügens und des Sehens und Gesehenwerdens, vor allem aber in der Serialität seiner Benutzer.⁷ Die Serie ist eine Beziehung des Nebeneinander: Ähnlich wie in der Anordnung des Kinopublikums, der ›Beziehung‹ zwischen Wartenden oder Fußgängern, die an der grünen Ampel aufeinander zusteuern und sich gegenseitig ausweichen müssen, sind auch die Verhältnisse am Strand grundsätzlich dadurch charakterisiert, dass sich hier einander Fremde begegnen, die für uns kaum als konkrete Individuen relevant sind, sondern die wir stattdessen in einem abstrakten Sinne als gleichzeitig anwesende andere wahrnehmen. Im Nebeneinander der Serie sind die Menschen voneinander getrennt und kapseln sich ab. Der andere ist prinzipiell austauschbar und häufig überzählig. Erst wenn wir mit ihm direkt Kontakt aufnehmen und beispielsweise ein Gespräch beginnen, treten wir aus der Serie heraus und wechseln in einen anderen Modus der Interaktion.

Das Sonnenbaden am Strand ist dafür ein gutes Beispiel. Es ist gleichsam Serialität par excellence: Jeder sonnt sich für sich. Die Sonnenbadenden liegen buchstäblich nebeneinander. Sobald wir uns in die Sonne legen und die Situation entspannt genießen, verschwinden die anderen aus unserem Wahrnehmungsfeld. Alle Aufmerksamkeit richtet sich nun auf das Auskosten der Sinneseindrücke, auf die Reaktionen und Empfindungen des eigenen Körpers. Inmitten der vielen sind wir sonnenbadend allein. Wir ›vergessen‹ in dieser Situation auf einen Schlag die gesamte Umgebung und geben uns ausschließlich unseren eigenen spontanen Impulsen und Phantasien hin.[8]

Ermöglicht wird dieser Rückzug auf sich selbst und den eigenen Körper vor allem durch das Schließen der Augen, das durch die direkte Sonneneinstrahlung erzwungen wird. Wir tauchen damit ein in ein rötliches Dunkel und verabschieden uns auf diese Weise gewissermaßen von der sozialen Welt. (Das Erleben ähnelt dem Einschlafen, weshalb das tatsächliche Einschlafen hier auch das größte Risiko eines gefährlichen Sonnenbrandes birgt.) Der Bewusstseinsstrom ebbt ab und verharrt schließlich in einem eigentümlichen Schwebezustand, den wir gerade deshalb genießen können, weil es hier keinerlei Ziel oder vorgegebene Richtung gibt. Grundsätzlich ist das Sonnenbaden nicht sonderlich intellektuell: Auch das Denken schrauben wir auf ein Mindestmaß zurück; die durch die Situation induzierte mentale Einstellung ist eher ein Dösen – eine Haltung, die sich vom Denken entlastet, indem sie sich ganz und gar den eigenen Zufälligkeiten überlässt und von jeder Ergebnisorientierung entlastet ist.

Es ist offensichtlich, dass dieses Erleben eine starke autoerotische Komponente hat. Das Genießen und Auskosten der Körperreaktionen, die nach innen gerichtete Aufmerksamkeit, das Sich-Hingeben an spontane Phantasien und Tagträume – all das verdichtet sich in der Situation zu einem unmittelbaren Lustempfinden, das ausschließlich mit dem eigenen Ich verbunden ist. Dabei ist es gerade das Nebeneinander der Serie, das diese Autoerotik erlaubt. Das Sonnenbaden erweist sich so als eine gesellschaftlich lizenzierte Möglichkeit, innerhalb einer turbulenten Umgebung auch in einem unmittelbar sinnlichen Verständnis ganz bei sich selber zu sein und den üblichen Darstellungszwängen und Zumutungen permanenter Selbstdisziplin gewissermaßen ein Schnippchen zu schlagen.

Und all das geschieht in einem Kontext, der mir, sobald ich die Augen öffne und mich aufrichte, sogleich andere Reize, Handlungsfreiheiten und Ablenkungsmöglichkeiten anbietet. Gewiss gibt es auch hier zahlreiche Hürden, die überwunden werden müssen, wenn wir aus der Serie heraustreten wollen. Trotzdem ist es leichter, sind die Sittennormen insgesamt offener und elastischer. Heiterkeit steckt an. Zwar ist der Strand alles andere als ein herrschaftsfreier Raum, aber er ist eben doch eine Ordnung, die dem, der ihn aufsucht, zumindest eine Fiktion von Freiheit und Unbeschwertheit offeriert, die in anderen Gesellschaftsbereichen undenkbar ist.

Anmerkungen

[1] Zum sozialgeschichtlichen Hintergrund vgl. Courbin 1994, bes. S. 319ff.

[2] Vgl. hierzu am Beispiel der Sonnenbrille Hartewig 2009.

[3] Simone Tavenrath (2000, S. 41ff.) betont indes die Einbettung solcher medialer Ereignisse in einen längerfristigen Wandel, der zudem nach Schichten, Alter und Geschlecht zu differenzieren sei.

[4] Zu den technischen Möglichkeiten und Details vgl. Tavenrath 2000, S. 57ff.

[5] Tatsächlich wird eine intensive Solariumsbräune heute oftmals gerade als deutliches Unterschichtmerkmal registriert. Zu den neueren Variationen und Distinktionsfronten der Selbstinszenierung des Körpers vgl. Kaube 2007.

[6] Eine schöne Analyse der Interaktionsordnung des Strandes liefert Kaufmann 1996.

[7] Zum Begriff und zur Theorie der Serie vgl. Sartre 1967, S. 273ff.

[8] Diese Charakterisierungen beziehen sich auf den ›reinen‹ Sozialtypus der Beziehung, der die verschiedensten empirischen Mischungsverhältnisse keineswegs ausschließt. Ein Beispiel wäre das Paar, das sich gemeinsam sonnt und dabei gleichzeitig zärtlich berührt.

Literatur

Bourdieu, Pierre, 1982: Die feinen Unterschiede. Kritik der gesellschaftlichen Urteilskraft. Frankfurt/M.: Suhrkamp.

Courbin, Alain, 1994: Meereslust. Das Abendland und die Entdeckung der Küste. Frankfurt/M: Fischer.

Hartewig, Karin, 2009: Der verhüllte Blick. Kleine Kulturgeschichte der Sonnenbrille. Marburg: Jonas.

Kaube, Jürgen, 2007: Sonnenbaden, Tätowiertsein, Lärmen. In: Ders.: Otto Normalabweicher. Der Aufstieg der Minderheiten. Springe: zu Klampen, S. 25-42.

Kaufmann, Jean-Claude, 1996: Frauenkörper – Männerblicke. Soziologie des Oben-ohne. Konstanz: UVK.

Popitz, Heinrich, 2000: Wege der Kreativität. 2. erw. Aufl., Tübingen: Mohr.

Sartre, Jean-Paul, 1967: Kritik der dialektischen Vernunft. Reinbek bei Hamburg: Rowohlt.

Tavenrath, Simone, 2000: So wundervoll sonnengebräunt. Kleine Kulturgeschichte des Sonnenbadens. Marburg: Jonas.

»Die Zeit entsteht mit der Unlust«

Eine kleine Soziologie des Wartens

Alle Menschen warten, aber nur Menschen warten. Wenn Tiere auf Beute lauern, warten sie nicht. Gewiss antizipieren auch sie absehbare Prozesse oder Ereignisse und stellen ihr Verhalten darauf ein: Auch das Tier ist, wie der Philosoph Helmuth Plessner es ausdrückte, sich selber vorweg; der Mensch aber ist darüber hinaus seinem eigenen Vorwegsein vorweg und hat daher die Möglichkeit der Selbstobjektivation der eigenen Zeit, der selbstreflexiven Vergegenwärtigung der Zeiterfahrung. Während Tiere in einem profanen Sinne *in* der Zeit leben, ist Menschen *ihre* Zeit als begrenzte Ressource und gestaltbarer Raum des Lebens elementar bewusst. Die spezifisch menschliche Sorge um sich und andere ist – so Plessner – gebunden an die Existenz eines ›Zeitmodus Zukunft‹, in dem der Mensch seine Gegenwart zugleich als zukünftige Vergangenheit erlebt und sein Handeln daraufhin entwirft.

Trotzdem gibt es im dichten Geflecht unserer sozialen Beziehungen und Aktivitäten immer auch weite Bereiche, in denen die Zeit normalerweise *kein* Problem ist. Wenn wir uns intensiv mit etwas beschäftigen, bei einer konzentrierten Arbeit oder im Spiel ganz ›bei der Sache‹ sind, treten die Orientierungen der Zeit in den Hintergrund. Sie ist dann lediglich Medium und als solches fraglos gegebene Voraussetzung unseres Tuns. Je mehr uns die Sache gefangen nimmt, umso stärker ›vergessen‹ wir die Zeit: Ohne dass wir es so recht bemerkt hätten, ist sie ›wie im Fluge‹ vergangen.

»Die Zeit entsteht mit der Unlust«, heißt es bei Novalis. Erst die Störung, die Unterbrechung, das Stocken des Handelns und die damit veränderte Perspektive rückt sie uns ins Bewusstsein. Erst wenn wir nach ihr fragen, wird sie uns zum Problem. Der Paradefall ist das Warten: Warten ist zwanghaftes Fragen nach der Zeit. Wo immer wir warten, steht die Zeit, genauer: das Vergehen der Zeit, im Mittelpunkt der Situation. Der Begleitcharakter der Zeit, ihr Status der Mitgegebenheit, löst sich auf und weicht einer neuen Staffelung der Aufmerksamkeit. Die Zeit wird überpräsent. Sie ist nicht mehr nur unbefragte Qualität des Handelns und Erlebens, ein beständiges Herabsinken der Jetztpunkte in ein Kontinuum von Vergangenheiten, sondern wird darüber hinaus explizites Thema der Situation. Das erste und wichtigste Charakteristikum des Wartens ist die scharfe Bewusstheit von Zeitfluss und Dauer. Wartende achten auf die verrinnende Zeit und registrieren penibel, wie lange sie schon gewartet haben. Mechanische Zeit verwandelt sich in Erlebniszeit. Das ist oftmals ganz wörtlich zu nehmen: Immer wieder heftet sich der Blick der Wartenden, etwa in Ämtern oder auf Bahnsteigen, an die aufgehängte Uhr, schauen sie dem stupiden Vorrücken des Sekundenzeigers zu. Freilich ist unschwer zu erkennen, dass dies selbst eine Technik des Zeitmanagements ist: Auch wenn die Zeit quälend langsam vergeht, ist man immerhin sicher, dass sie jedenfalls vergeht.

Wenn die Zeit ins Zentrum der Wahrnehmung rückt, kann dies verschieden eingefärbt sein. Wer sie auf seiner Seite weiß, lehnt sich zurück und mehrt sein Vermögen. Nicht so der Wartende: Weil er warten muss, ist er sich der Knappheit und des ›unsinnigen Vertuns‹ seiner Zeit unmittelbar bewusst. Die Thematisierung der Zeit löst sie aus ihrer Selbstverständlichkeit heraus, und es ist, als rächte sich die Zeit beim Wartenden dafür: Sie erscheint ihm als etwas Feindseliges, Gegen-ihn-Gerichtetes, dem er auf mysteriöse Weise ausgeliefert ist. Sie ist nicht länger fraglose Hülle und Dimension seines Tuns, sondern etwas, das er ›totschlagen‹ muss.

Ein Hauptproblem ist, dass nichts oder kaum etwas passiert. Es ist keineswegs nur die Dehnung der Zeit, sondern vor allem ihre Strukturlosigkeit und das Fehlen situativer Zäsuren, die das Warten häufig so belastend machen. Je monotoner das Geschehen, desto zäher die Zeit. Wer den Kessel beobachtet, bis das Wasser zu sieden beginnt, empfindet sie langsamer. Wo es an äußeren Reizen und Einschnitten mangelt, müssen innere Antriebe verstärkt werden, um das psychische Gleichgewicht zu erhalten – eine Aufgabe, die den Wartenden nicht selten überfordert. Er muss sich selber die Anlässe und Fixpunkte schaffen, die seine Wahrnehmung strukturieren und die Langeweile vertreiben.

Der Grund für diese eigentümliche Spannung des Wartens liegt zunächst in dessen instrumentellem, unmittelbar auf ein Ergebnis hin ausgerichteten Sinn. Warten ist kein Selbstzweck. Wir warten *auf etwas:* die Geburt eines Kindes, Weihnachten, den Bescheid einer Behörde. Die Tätigkeit des Wartens hat von vornherein eine klare teleologische Struktur: Gegenstand oder Ziel des Wartens ist ein voraussehbares Geschehen oder Ereignis, das wir gedanklich antizipieren und auf das wir uns einstimmen. Oft besteht dieses Ereignis in Handlungen oder Entscheidungen anderer, die für uns bedeutsam sind. Tritt das Ereignis ein, ist das Warten vorbei.

Grundsätzlich korrespondiert der Charakter des Wartens mit der Bedeutung des Ziels. Wo wir ein Geschehen herbeisehnen und ihm freudig entgegenblicken, warten wir anders als dort, wo es uns ängstigt oder relativ gleichgültig ist. Vorfreude lässt uns etwas ›kaum erwarten‹, Furcht macht das Warten qualvoll und schicksalsschwer. Mitunter ist beides, als Gleichzeitigkeit von Bangen und Hoffen, untrennbar miteinander vermischt.

Allgemein gilt: Je wichtiger und existenziell bedeutsamer das Ereignis, desto herausgehobener die Phase der Einstimmung und das Warten. Die Zukunft ›überschattet‹ die Gegenwart und durchdringt sie in allen Poren. Das Warten ist ein Modus des Noch-nicht; es bestimmt unser aktuelles Erleben immer schon im Horizont dessen, worauf wir uns wartend einstellen.

Entspannter ist die Situation, wo das Ereignis bekannt ist oder Routineaufgaben bewältigt werden. Wenn wir im Waschsalon auf das Ende des Waschganges warten, geschieht dies relativ gelassen und undramatisch. Das Warten ist hier eher ein Abwarten, ohne größere Unruhe oder Neugier. Auch auf Züge können wir so warten – solange sie sich nicht verspäten. Tritt etwas Unvorhergesehenes, Unerwartetes ein, verändert sich sogleich der Charakter des Wartens: Alles Augenmerk richtet sich nun auf die Ursache der Suspendierung der Normalität, die wir wiederhergestellt sehen wollen. Erst wenn sie geklärt ist und wir die Spanne berechnen können, sind wir wieder beruhigt und können uns in der Situation neu einrichten. Und trotzdem hat sich die Wahrnehmung deutlich verschoben: Weil *eine* Panne ja stets auch die Möglichkeit weiterer Pannen und Verzögerungen aufscheinen lässt, können wir nicht mehr so gelassen abwarten wie bisher.

Außerdem können wir ja nichts tun. Es ist auch die erzwungene Passivität, die viele Wartesituationen so belastend macht. Warten ist Nichtstun. Obschon sinnhaftes Handeln, gestattet es allenfalls Beschäftigung. Die ›untätige Tätigkeit‹ des Wartens weist als solche keinerlei Produktivität auf. Wenn wir trotzdem etwas tun und uns allerlei Nebenengagements einfallen lassen, so nur, um uns abzulenken: Wir vertreiben die Zeit. Von echtem Zeitvertreib, Arbeit oder Vergnügen, unterscheiden sich solche Aktivitäten durch ihre nachrangige Gewolltheit. Jenseits aller besonderen Zwecke bezwecken sie vor allem eins:

die Wartezeit subjektiv zu verkürzen, das Warten erträglicher zu machen. Manchmal gelingt dies, meist jedoch nicht. Im entnervten »Ich kann jetzt nicht lesen« brechen die Orientierungen des Wartens und Erwarteten ungehemmt wieder durch.

Hinzu kommt die Einschränkung der räumlichen Mobilität. Das Warten ›nagelt uns fest‹. Es verlangt körperliche Präsenz und restringiert gleichzeitig jeden motorischen Ausgleich. Man darf den Warteraum oder die Schlange nicht auf Dauer verlassen, wenn man sich nicht wieder hinten anstellen will. Zur Ablenkung kommen daher nur solche Aktivitäten in Betracht, die mit dem stationären Charakter des Wartens vereinbar sind: Zeitung lesen, Kreuzworträtsel, selbstversunkenes Sinnieren und Vor-sich-hin-Dämmern. Es sind vor allem Ausflüge ins Reich der Phantasie, denen jedoch zugleich enge Grenzen gesetzt sind: Bei aller Abschweifung der Gedanken darf man seinen Aufruf nicht verpassen. Es ist im Grunde eine weitere pragmatische Paradoxie: Ablenkung kann nicht erzwungen werden, auch nicht von uns selber. Wo wir uns ablenken *wollen*, lenken wir uns von der Ablenkung ab.

So sehr wir uns auch bemühen, die Wartezeit ›sinnvoll zu nutzen‹, stets haftet den Beschäftigungen beim Warten etwas seltsam Unwirkliches an. Es sind Aktivitäten *innerhalb* dominanter Passivität.

Darüber hinaus sind die beim Warten in Frage kommenden Nebenengagements allesamt Selbstbeschäftigungen. Auch wenn wir zusammen mit anderen warten, sind wir von ihnen getrennt: Es sind für uns Unbekannte, Fremde. Die soziale Beziehung zwischen Wartenden ist die einer eigentümlichen Beziehungslosigkeit, das Nebeneinander der Serie. Nicht zufällig erläutert Jean-Paul Sartre, der Theoretiker der Serie, diesen Typus von Beziehung am Beispiel einer Gruppe von Menschen, die zusammen an einer Haltestelle auf den Bus warten. Jeder wartet für sich. Obwohl alle das Gleiche tun, ist der andere präsent nur als Nebenmensch, ein abstraktes, austauschbares Individuum. Trotz der räumlichen Nähe kommt es kaum zu Kontakten; keiner kümmert sich um den anderen, jeder ist um sich selbst bekümmert. Das gemeinsame Ziel, die Ankunft des Busses, vergemeinschaftet die Menschen keineswegs. Die Gemeinsamkeit ihrer Anwesenheit ist nur von außen veranlasst. Zwar sind sie nominell eine Gruppe, aber keine Gruppe für sich.

Kennzeichnend für die Serie sind: Anonymität, Distanziertheit, Überzähligkeit. Der andere ist nicht nur ohne individuelle Kontur, sondern häufig auch *lästig*. Wenn er vor mir in der Schlange steht, muss ich länger warten. Oder er ist der letzte, den der überfüllte Bus noch mitnimmt. Daher die latente Aversion gegen die ebenfalls Wartenden, das Misstrauen auch gegenüber jenen, die nach mir gekommen sind: Sie könnten vielleicht versuchen, sich vorzudrängeln. Obwohl durchaus klar strukturiert, ist die serielle Ordnung der Warteschlange, weil sie lediglich eine situative Ordnung ist, eigentümlich labil: Da sie sich primär auf der Grundlage von Konventionen, die ihrerseits verinnerlicht sein müssen, herausbildet und eine zentrale Sanktionsinstanz meistens fehlt, können Abweichungen nur über die spontane Selbstorganisation der Beteiligten korrigiert werden, die aber durch die Unverbundenheit und Distanz der Akteure grundsätzlich erschwert ist. Deshalb zahlen Frechheit und Chuzpe sich hier oftmals aus, ist die Geltung und Durchsetzung der ›natürlichen‹ Regel der Reihenfolge (»Wer zuerst kommt, mahlt zuerst«) stets fragil und gefährdet.

Im Nebeneinander der Serie sind die Menschen voneinander isoliert und kapseln sich ab. Trotz der Präsenz der vielen ist jeder mit sich allein. Das Warten wirft ihn auf sich selber zurück und bringt ihn, weil er nichts tun kann, ins Grübeln. Die *Sorge* rückt in den Vordergrund und entfaltet fast automatisch die ihr eigene Dynamik von Steigerung und Beschwichtigung. Wartend stellen wir Fragen, die wir uns sonst nicht stellen. Auch deshalb empfiehlt sich das Warten als literarische Metapher der Geworfenheit. In Samuel Becketts *Warten auf Godot* steht es für eine verzweifelte Suche nach Sinn, für entglittenes Leben. Seine Figuren warten auf nichts Bestimmtes, sie müssen sich ständig gegenseitig erinnern, dass sie warten, woraus sie dann wiederum schließen, dass sie auf etwas warten. Es ist, neben der Langeweile und Dehnung der Zeit, vor allem dieser Aspekt des fruchtlosen In-sich-Kreisens der Affekt- und Gedankenströme, der viele Situationen des Wartens so beklemmend und aufreibend macht.

Hinzu kommt ein anderer Aspekt: Wartend sind wir von dem, worauf wir warten, abhängig. Nicht wir beenden das Warten, sondern das Ereignis, auf das wir gewartet haben. Das Ereignis ›tritt ein‹: Es ist etwas, das geschieht und uns widerfährt, was wir durch unser Zutun nicht beeinflussen können. Das angestrebte Ergebnis des Wartens liegt außerhalb der Handlungschancen und Einwirkungsmöglichkeiten des Wartenden. Zwar kann er in Fällen, in denen er selbst eine Dienstleistung nachfragt, das Warten aufgeben, aber nur um die Preisgabe auch des Ziels. Und außerdem muss er eingestehen, die bereits verstrichene Zeit ›umsonst‹ gewartet zu haben.

Was das erwartete Geschehen häufig so bedrückend macht, ist die Ungewissheit des Ausgangs. Das antizipierte Ereignis ist letztlich kontingent, unserer Berechnung entzogen. Dies gilt auch und besonders für Wartesituationen in Bürokratien. Wo andere über uns entscheiden, fühlen wir uns ihnen ausgeliefert. Das Ermessen mag durch Gesetze und Vorschriften eingehegt sein, trotzdem ist es da. Und die Abgeschnittenheit vom Dienstwissen steigert die

Angst weiter. Es ist dieses Bewusstsein der Möglichkeit von Willkür, das Klienten vielfach dazu veranlasst, sich auch in solchen Fällen als ›Opfer‹ der Bürokratie zu begreifen, wo in Wirklichkeit alles mit rechten Dingen zugegangen und der Ermessensspielraum vielleicht sogar zu ihren Gunsten ausgelegt worden ist.

Ein anderes Beispiel ist das Warten auf eine Geburt. Obwohl alles gutgehen wird, kann alles passieren. Das Erhoffen des Glücks und Befürchten des Unglücks sind untrennbar miteinander vermengt. Fügung und Schicksal, die sonst im modernen Leben nach Kräften verbannt sind, kehren plötzlich zurück. Unmissverständlich führt uns das Warten vor Augen, wie sehr wir *nicht* die Herren unseres Schicksals sind. In solchen Situationen existenzieller Weichenstellung zerplatzen die Illusionen der Machbarkeit, erweist sich die Ohnmacht gegen den Lauf der Welt: Die Zukunft ist offen, wir haben alles getan und können nur noch warten.

Hier wird deutlich, dass die das Warten überschattende Ungewissheit einen sehr anderen Charakter annimmt, je nachdem, ob die Ursachen auf Personen zurückgeführt werden können oder nicht. Häufig ist es weniger belastend, vom Zufall als von anderen abhängig zu sein. Die ›Launen‹ des Schicksals lassen sich leichter ertragen, niemand hat Schuld. Andererseits scheint das Bedürfnis, diffuse Ursachen auf kompakte Verursacher zurückzuführen, mitunter übermächtig. Wir *suchen* Schuldige. Sie machen das Widerfahrnis erträglich, indem es in nachvollziehbare Motive und Handlungen rückübersetzt und so in handlichen moralischen Kategorien erklärbar wird. Art und Einfärbung unseres Wartens hängen wesentlich davon ab, wen wir dafür verantwortlich machen, dass wir warten müssen.

Gerade an diesem letzten Punkt zeigt sich die Nähe des Wartens zur inferioren Erfahrung sozialer Macht. Die

Gefühle der Abhängigkeit und Unterlegenheit sind benachbart und gehen oft ineinander über. Obwohl keineswegs immer im Kontext asymmetrischer Machtbeziehungen angesiedelt, ist das Warten stets die Erfahrung einer fundamentalen Ohnmächtigkeit, das Bewusstwerden der Grenzen und Begrenztheit unseres Tuns, der Limitierung des Handelns durch das Widerfahrnis. Auch wenn es keine Täter gibt, fühlen wir uns wartend als Opfer. Dies gilt natürlich umso mehr, wenn es tatsächlich Urheber gibt, das erwartete Geschehen also in der Hand zurechenbarer Akteure liegt, die uns warten lassen. Wo das – faktische oder vermutete – Nichtstun des einen das Warten des anderen ist, wird die Zeit zu einem Vehikel der Machtausübung. Macht hat, wer über die Zeit anderer verfügen, ihnen *seine* Zeit aufprägen kann. Und je demonstrativer er dies tut, je weniger er sich dafür legitimieren muss, desto unangreifbarer erscheint seine Überlegenheit.

Als knappe Ressource par excellence ist die Zeit ein vorzüglicher und bevorzugter Indikator sozialer Ungleichheit. Wichtige Menschen warten nicht, sie haben Termine. Und sie unterstreichen ihre Wichtigkeit dadurch, dass sie es sich ›leisten‹ können, andere auch bei einem einbestellten Termin noch kurz hinzuhalten. Je höher der Status in der Hierarchie, umso größer die institutionelle Unzugänglichkeit und damit die Möglichkeit, andere auf sich warten zu lassen. Andererseits sind es oftmals die kleinen Könige, sozialistische Kellner oder Hauswartfrauen mit Feldwebelmentalität, die ihre Macht genießen. Gerade die dumme und kleine Macht ist besonders launisch. Ihre Pausen sind heilig, und sie findet nichts dabei, ihre Zeit-Willkür ganz unverhohlen vor aller Augen auszukosten.

Darüber hinaus hat die Kontrolle über den zeitlichen Ablauf in Machtbeziehungen natürlich noch einen anderen Sinn: Macht hat nicht nur, wer andere warten lassen kann, sondern auch, wer die Dinge so einzurichten vermag, dass die Zeit für ihn und gegen andere arbeitet. Wo Unterlegene Missstände anprangern und sofortige Reformen fordern, kann der Mächtige warten. Er kontert Aufgeregtheit mit Sitzfleisch. Seine Ressourcenüberlegenheit erlaubt ihm, auf Zeit zu spielen und die Gegenseite durch Nichtstun und Hinausschieben von Entscheidungen unter Druck zu setzen.

Dies alles verdeutlicht, wie sehr Art und Charakter des Wartens in hohem Maße kontextabhängig und durch andere Beziehungsdefinitionen überformt sind. Wenn in einer Paarbeziehung einer den anderen warten lässt (oder warten lassen kann), so *zeigt* dies die Asymmetrie der Abhängigkeit, aber es begründet sie nicht. Tatsächlich konstruiert das Warten als wesentlich monologisches Tun eine Beziehung zwischen Akteuren nur sehr schwach oder gar nicht. Es definiert primär eine Situation und nur indirekt eine Beziehung. Es ist nicht adressiert und nötigt niemandem eine unmittelbare Reaktion auf, ja es erscheint geradezu als der Fluch des Wartens, dass es einen zu nichts zwingt. Dies gilt auch für das Verhältnis der Wartenden untereinander: Sie sind und bleiben einander fremd. Die Serie ist eine Ordnung der Indifferenz, die vor allem durch Unterlassen, das Vermeiden von Störungen, hergestellt und aufrechterhalten wird. Freilich gibt es auch hier fließende Übergänge und empirische Mischformen. So sind die Gleichgültigkeit und Fremdheit am Ende der Schlange, also bei den Neuankömmlingen, am größten und nehmen zu ihrer Spitze hin ab. Dort steht man schon länger zusammen und vermag bei Bedarf sogar spontan zu kooperieren, etwa wenn Drängler abzuwehren sind. Trotzdem ist das Ziel der Kooperation lediglich die Restitution des Nebeneinander und des Vorzustands. Falls sich jedoch zufällig Nachbarn oder Bekannte in einer Schlange treffen, ist die Serialität zwischen ihnen sofort suspendiert. Die Vermischung mit anderen Typen sozialer Beziehungen drängt die Serie zurück und setzt sie zeitweise außer Kraft. Die Anonymität ist aufgehoben; aus Wartenden werden Klatschende, die gemeinsam warten – bis schließlich der Aufruf sie erneut individualisiert und die serielle Ordnung wiederherstellt.

Zusammengefasst: Wo wir *auf* andere warten, interpretieren wir die Situation stets im Horizont der Beziehung zu diesen bedeutsamen anderen; wo wir *mit* anderen warten, ist die Beziehung zu ihnen grundsätzlich der Situation des Wartens untergeordnet.

Bei alledem reicht die Kontextprägung des Wartens natürlich sehr viel weiter als bisher angesprochen. Sie betrifft nicht nur die institutionelle Rahmung von Situationen oder Beziehungen, sondern darüber hinaus die gesamte soziale Rhythmik von Gesellschaften und Kulturen. Der amerikanische Zeitforscher Robert Levine hat zu der Frage, wie Kulturen in höchst unterschiedlicher Weise mit Zeit umgehen, eine brillante *Landkarte der Zeit* vorgelegt. Die Kultur prägt das Zeitgefühl und bestimmt damit auch den vorgegebenen Sinnhorizont des Wartens. In unserer Gesellschaft erscheint es meist als eine – vorhersehbare oder überraschende – Unterbrechung, als auferlegte *Pause* unserer Aktivitäten. Wo das Verweilen eingeplant und nur von kurzer Dauer ist, kann es mitunter durchaus willkommen sein; als unwägbare Verzögerung wird es jedoch sofort als gravierender Einschnitt und Einschränkung der individuellen Autonomie empfunden, als Musszeit, die einem Kannzeit raubt. Der Wartende erlebt sie als Nullsummenspiel: unfreie Zeit, die seine Freizeit verringert. Obwohl wir mit der gewonnenen Zeit oft kaum etwas anzufangen wissen, hassen wir es zu warten.

Die Voraussetzung solcher Unrast ist die Grunderwartung einer effizienten Nutzung der Zeit. Es ist die

Ökonomie, die die Zeitökonomie hervorbringt. Nur wo Zeit Geld ist, ist Warten teuer. In Ländern mit sogenannter ›Gummizeit‹, die sich in ihrer Lebensrhythmik stärker an der Ereigniszeit natürlicher Vorgänge oder persönlicher Beziehungen orientieren, hat das Warten einen weitaus weniger prekären Charakter. Hier lässt man der Zeit Zeit und widmet sich eher den anderen als der Erledigung von Aufgaben. Dabei ist persönliches Vertrauen keine Frage der Zeitdisziplin. In Brasilien ist es unhöflicher, sich nicht zu verabreden als zu dem vereinbarten Termin nicht zu erscheinen. Pünktlichkeit ist verpönt und signalisiert einen Mangel an Souveränität. Levine erwähnt auch das Beispiel des öffentlichen Telefonverkehrs in Nepal, bei dem ein mehrtägiges Warten auf ein Ferngespräch offenbar niemanden aufregt oder belastet. Die Menschen sind freundlich und bleiben es auch. Warten ist für sie keine ›verlorene Zeit‹, weil die Zeit gar nichts ist, was man verlieren kann.

Im Gegensatz dazu steht das Zeitregime westlicher Gesellschaften unter den Vorgaben der Knappheit und Begrenztheit. Zeit ist eine Ressource, die nicht vergeudet werden darf und eigens ›gemanagt‹ werden muss. Keine Minute soll ungenutzt bleiben, jede Verspätung ist legitimierungsbedürftig. Mit zunehmender gesellschaftlicher Funktionsteilung erhöht sich der Koordinationsbedarf von Austausch und Verkehr und damit die Bedeutung der ›künstlichen‹ standardisierten Zeit als soziales und psychisches Orientierungsmittel. Ohne Uhr läuft gar nichts, ständig werden Fristen und Termine gesetzt, die letztlich nichts anderes sind als Methoden, komplexe Organisationsabläufe zu strukturieren, alternative Verwendungsmöglichkeiten der Zeit auszusondern und klare Handlungsprioritäten zu setzen. Ihr Zweck ist zuallererst das Vermeiden des Wartens. Und abgelöst von den Zwängen der Organisation lagert sich diese Perspektive in die Selbstwahrnehmung der Individuen ein: Keine Zeit zu haben, ist nun ein Indikator dafür, auf der Höhe der Zeit zu sein. Die Leitvorstellung von Effizienz und Reibungslosigkeit, die Pausen nur als zeitliche Puffer zulässt, ist über das Funktionieren moderner Organisationen hinaus längst das zentrale Strukturierungsprinzip des Alltags der Mittelschichten und damit zum prägenden Lebensstil unserer Gesellschaft geworden.

Dennoch gibt es auch in den Industrienationen große Unterschiede des Lebenstempos und der Zeitdisziplin zwischen Regionen, Gruppen und Individuen. Mancher leugnet den Zusammenhang von Trödelei und Verspätung, andere schlafen ohne jedes schlechte Gewissen aus. Nicht jedem ist Warten ein Gräuel. Gewiss kann niemand die kulturell vorgegebenen Zeitnormen ignorieren, aber es ist letztlich die *eigene* Zeit, die den Charakter des Wartens bestimmt. In der Ausformung der Persönlichkeit sind Zeit und Geld die klassischen Medien der Symptombildung. Wer ohnehin ein nervöser und ungeduldiger Mensch ist, reagiert auf das Warten allergisch; was den einen unerträglich langweilt, nimmt der andere gelassen. Nur Individuen warten, und weil das Warten wesentlich monologisch ist, ist es zugleich höchst individuell.

Hier zeigt sich, dass das Warten immer nur künstlich isoliert werden kann. Es ist funktional eingebettet in übergreifende Sinnhorizonte und Perspektiven. Auch das Warten baut auf generalisierten ›Erwartungen‹ auf, die stets eine Zeitdimension haben und kaum je affektneutral sind. Es steht zwischen dem Handeln und dem Ereignis. Obschon ein Tun, richtet es sich auf ein Ziel, das geschieht. Je stärker die Motive und Emotionen, die mit dem Geschehen verbunden sind, desto mehr durchdringen sie auch das Warten. Vermengt mit der Unsicherheit der Zukunft prägen sie die Gegenwart. So ist das Warten häufig zugleich ein Hoffen und ein Befürchten, legiert mit dem scharfen Bewusstsein eigener Machtlosigkeit. Wenn es nur kurz ist, überwiegt meist die Zuversicht; dehnt es sich jedoch länger, nehmen Grübeln und qualvolle Ungewissheit überhand und die Affekte treten auseinander. »Es ist gut zu hoffen, nur das Warten verdirbt es«, lautet ein altes jüdisches Sprichwort. Nichts beleuchtet dies schärfer als die Rückschau und das Nachfeld der Situation. War das Warten zu lang und zermürbend, können wir uns auch bei gutem Ausgang nicht so recht freuen. Doch was letztlich zählt, ist das Resultat der Geschichte und das weitere Schicksal. Wenn wir lange auf etwas gewartet haben, erinnern wir uns oft noch nach Jahren genau an die Mischungen und Schwankungen der Gefühle, die uns damals beherrschten. Das Warten selbst aber ist, wenn es endlich vorbei ist, rasch vergessen.

Die Normalität der Macht

Macht ist normal und alltäglich, sie ist allgegenwärtig und immer schon da. Andererseits gilt: Wo wir unmittelbar mit ihr konfrontiert sind, etwa bei einer direkten, unverhüllten Drohung, sind die Relevanzen von Alltag und Normalität sofort suspendiert. Macht stiftet Normalität und durchbricht sie zugleich. Wie ist das im Einzelnen zu verstehen?

Max Weber definiert Macht als »Chance, innerhalb einer sozialen Beziehung den eigenen Willen auch gegen Widerstreben durchzusetzen, gleichviel worauf diese Chance beruht« (Weber 1972, S. 28). Zentral sind dabei die Elemente ›Wille‹ und ›Widerstreben‹, ferner das Wörtchen »auch«. Macht bedeutet in einem elementaren Sinne: Der Wille des einen ist das Tun des anderen, jener tut etwas, das er nicht getan hätte, wenn es den ›zwingenden Willen‹ des Ersten nicht gäbe. Das heißt aber zugleich: Nur weil es den Widerstand, das Gegeninteresse, die unhintergehbare Freiheit des anderen gibt, Nein zu sagen, ist Macht überhaupt nötig und möglich. Als Negierung des Nein ist Macht jederzeit eine menschliche Möglichkeit, kann es keine »machtsterilen« Verhältnisse (Popitz 1992, S. 272) geben.

Doch nicht erst, wo ein Nein gebrochen wird, sondern schon, wo es gebrochen werden *könnte*, ist die Macht wirksam. Bereits im Vorfeld des direkten Machteinsatzes gibt es einen weiten Bereich potenzieller und latenter Macht, die ohne Konflikt operiert: Macht übt auch aus, wer andere durch ihr bloßes Wissen um die verfügbaren Machtmittel erfolgreich einzuschüchtern vermag oder relevante Entscheidungsthemen und -situationen strategisch so kanalisieren kann, dass einem möglichem Nein anderer von vornherein die Gelegenheit der Artikulation verwehrt wird.

Der häufigste und gewöhnlichste Fall der Machtausübung ist freilich eine Situation, in der bestimmte, inhaltlich fixierte und zugleich begrenzte Anweisungsrechte und Gehorsamspflichten bereits klar festgelegt sind, Macht also als Herrschaftsverhältnis institutionalisiert ist. Wir werden in soziale Verhältnisse hineingeboren und bewegen uns ständig in Gesellschaftskontexten, die mehr oder minder herrschaftsstrukturiert sind. Dies ist der Hauptgrund der Normalität der Macht: Sie besteht einfach darin, dass die Ordnung der Gesellschaft in vielerlei Hinsicht eine Herrschaftsordnung ist, ein Gefüge, das wir immer schon vorfinden und als unabänderliche Gegebenheit zunächst hinnehmen müssen. Es gibt in unserem Alltag kaum eine Situation, die nicht in irgendeiner Weise durch formelle oder informelle Hierarchien geprägt oder zumindest beeinflusst wäre.

Indem Herrschaft Ordnung schafft, konstituiert sie einen Rahmen der Normalität, der uns Orientierung und Sicherheit bietet. Normalität ist sowohl ein sozialer als auch ein mentaler Tatbestand. Wir empfinden einen Zustand oder eine Situation als ›normal‹, wenn wir von einer unbefragten Geltung allgemein akzeptierter Rechts- und Sittennormen ausgehen, durch die einerseits eine gewisse Kontinuität überkommener und von uns bejahter Traditionen und Werte gewährleistet wird und zum anderen die problemlose Fortsetzung unserer Alltagsroutinen sichergestellt scheint. In diesem Verständnis von Normalität sind gesellschaftliche Bedingungen und persönliche Dispositionen untrennbar miteinander verschweißt. Die Orientierung an Normen und institutionell vorgestanzten Rollen macht andere für uns (und uns für andere) berechenbar und ermöglicht gleichzeitig die Herausbildung individueller Gewohnheiten, durch die wir unseren Alltag kraft- und zeitsparend meistern können.

Ist aber die Selbstverständlichkeit vorgegebener Normen die unerlässliche Voraussetzung des Gefühls von Normalität, so referiert dies indirekt auf das Vorhandensein einer Macht, die durch glaubhafte Sanktionsdrohungen die Normgeltung sicherstellt. Da jede soziale Ordnung durch Regeln konstituiert wird und jede Regel gebrochen werden kann, kommt keine Gesellschaft ohne Sanktionsmechanismen aus. Allerdings unterscheidet sich die Aktivierung und Ausübung der Sanktionsmacht je nachdem, ob es sich um Rechts- oder Sittennormen handelt, erheblich: Während die Verletzung von Rechtsnormen (Offizialdelikte) in unserer Gesellschaft gleichsam hauptamtliche Sanktionsbevollmächtigte, also Polizei und Justiz, auf den Plan ruft, die als Sachwalter des staatlichen Gewaltmonopols die Normgeltung wiederherstellen, steht die Durchsetzung von – weit weniger klar definierten – Sittennormen in Gruppen oder Milieus häufig vor dem Problem der Initiative. So breitet sich, wenn jemand sich etwa in einem privaten Kreis ›daneben benimmt‹, zwar unvermittelt ein mehr oder minder intensives Gefühl von Peinlichkeit aus; trotzdem bleibt der Normbruch mangels situativer Verantwortlichkeit nicht selten ungeahndet und wird durch einfaches Übergehen, also die gezielte Ignoranz aller Beteiligten, gewissermaßen in die Normalität eingemeindet.

Der Fall verweist auf das Grundproblem jeder Sanktion: Sie schafft aktuell Unordnung, um die Ordnung wiederherzustellen. Und das bedeutet zugleich: Der direkte Machteinsatz läuft stets Gefahr, die Alltagsfiktion von Ordnung und Normalität zu durchkreuzen und so die normalitätsstiftende Funktion der Macht zu neutralisieren. Umgekehrt gilt freilich auch: Wo allenthalben Chaos und Anomie beklagt werden, wirkt die harsche Sanktion oftmals als längst überfälliger Befreiungsschlag, der die Legitimität der Herrschenden sogar noch erhöht.

Es ist also vor allem der »Ordnungswert« der Macht (vgl. Popitz 1992, S. 218ff.), der ihre Normalität begründet. Dieser ist jedoch nicht nur auf die Sanktionsfunktion, also die Sicherung der Normgeltung, beschränkt. Ein weiterer wesentlicher Aspekt, gewissermaßen ihr sekundärer Ordnungswert, besteht vielmehr darin, dass das durch die Macht hervorgebrachte und durch sie intern strukturierte Institutionengefüge als schiere soziale Tatsache gleichzeitig den Wirklichkeitsrahmen abgibt, auf den hin unsere je individuellen Alltagsstrategien und Gewohnheiten ausgerichtet, justiert und abgestellt sind. Normalität ist für uns zuallererst ein Zustand des unreflektierten, vollkommen automatisierten Weiter-so, die habituelle Fortsetzung dessen, was wir immer schon so und nicht anders getan haben. Wir bilden unsere Gewohnheiten in institutionellen Strukturen und Sozialräumen aus, die häufig durch mehr oder weniger große Machtunterschiede geprägt sind. Und weil, einem Diktum von Niklas Luhmann zufolge, zwar alles auch ganz anders sein könnte, wir aber fast nichts ändern können, passen wir uns diesen Verhältnissen an und machen es uns darin, so gut es eben geht, bequem.

»Sanft ruhet die Gewohnheit der Macht / auf der Macht der Gewohnheit«, heißt es in einem frühen Gedicht von Hans Magnus Enzensberger. Durch häufiges Wiederholen gleicher oder gleichartiger Tätigkeiten erzielen wir Übungsgewinne und steigern die Effizienz unserer Alltagsbewältigung. Deshalb sind wir mit unseren Gewohnheiten gleichsam ›verwachsen‹: In der Eingespultheit unserer Routinen wissen wir, wer wir sind, und zwar ohne dass wir uns je danach fragen. Gewohnheiten sind keine Regeln, die gebrochen, sondern bloße Regelmäßigkeiten, die allenfalls durchbrochen werden können. Die Bedeutung der Macht für die Herstellung von Normalität ergibt sich hier nicht aus der Hintergrundpräsenz der

Sanktionsdrohung, sondern aus der durch sie vermittelten Stabilität von Institutionen, in die unsere Gewohnheiten eingehakt sind.

Damit ist klar: Macht ist für uns normal, solange wir sie als integralen Bestandteil einer sozialen Ordnung erfahren, die uns einerseits weitreichende Orientierungssicherheit bietet und zum anderen die problemlose Fortsetzung unserer eingeschliffenen Gewohnheiten erlaubt. Umgekehrt wird die Normalität der Macht sofort brüchig, wenn sie eben diese Ordnungsfunktion nicht mehr erfüllt und die unmittelbare Aufoktroyierung eines fremden Willens unsere Alltagsgewissheiten gefährdet.

Eine wesentliche Bedingung dafür, dass wir die Macht als etwas Normales, Undramatisches erleben und hinnehmen, besteht somit darin, dass sie lediglich im Hintergrund des Wahrnehmungsfeldes angesiedelt ist und darin verbleibt. Sie ist gewissermaßen nur als Mitgegebenheit normal. Rückt sie hingegen in expliziten Konfrontationen als ungefilterte Einschränkung unserer Freiheit und direkter Zwang, im Extremfall: als Androhung oder Vollzug physischer Gewalt, ins Zentrum der Aufmerksamkeit, so dominiert sie fortan unweigerlich die Definition der Beziehung und färbt alles andere ein.

Es liegt daher häufig im Interesse sowohl der Mächtigen als auch der von ihnen Abhängigen, dafür zu sorgen, dass die Machtrelevanzen sozusagen ›versteckt‹ bleiben und die reale Fiktion von Ordnung und Normalität nicht zerbricht. Hierfür bieten sich zwei Mechanismen der Normalisierung an: Anerkennung und Vermischung. Richard Sennett (1985) hat überzeugend herausgearbeitet, wie die psychische Dynamik der Machtanerkennung zugleich als eine Methode der Selbsteinfügung von Unterlegenen in bestehende Herrschaftsverhältnisse funktioniert: Indem wir die Macht als Autorität achten und anerkennen, stellen wir sie in den Dienst von Werten, die wir selber bejahen. Macht, Ordnung und Wertordnung bilden von nun an eine kompakte Einheit, in der wir uns selber verorten und die uns zugleich vielfältige Möglichkeiten der Selbstlegitimierung eröffnet: Nicht einem fremden Willen unterwerfen wir uns, sondern folgen aus freien Stücken einer Macht, die Werte durchsetzt, die gleichzeitig unsere eigenen sind.

Die zweite Methode der Normalisierung der Macht ist ihre Vermischung mit anderen Beziehungstypen. Die Macht begegnet uns ja nur in Ausnahmesituationen in ›reiner Form‹. Im Normalfall ist sie vermengt und legiert mit anderen, im Vordergrund stehenden Definitionen der Beziehung, etwa Arbeit und Liebe. So sind beispielsweise auch in hierarchischen Arbeitsbeziehungen zwischen Vorgesetzten und Untergebenen die Herausforderungen und Erfolgszwänge der Sache oftmals so dominierend, dass die Positionsunterschiede verblassen und die Machtrelevanzen hinter den gemeinsamen Sachbezug zurücktreten. Die Informalität der Zusammenarbeit und die Unbedingtheit der Zielverfolgung setzen die strukturell vorgegebenen Ungleichheiten zwar keineswegs außer Kraft; sie verbannen sie aber in den Hintergrund der Situation, wo sie als Grundtatsachen der Institution nach wie vor unbefragte Gültigkeit haben.

Und ebenso gilt für interpersonelle Beziehungen wie Liebe oder Freundschaft, dass sie aufgrund ihrer idealtypisch egalitären Struktur nur solange bestehen können, wie die in ihnen – etwa durch Asymmetrien der Zuneigung oder ökonomische Abhängigkeiten – selbstverständlich vorhandenen Machtchancen gerade nicht thematisch werden, was bedeutet, dass trotz aller unvermeidlichen Streitigkeiten allzu direkte Kraftproben und dauerhafte Machtkämpfe umgangen werden müssen. In interpersonellen Machtkämpfen verliert nämlich auch der Gewinner: Er ruiniert mit seinem Erfolg gleichzeitig die prinzipielle Freiwilligkeit und Ungezwungenheit der Achtung und Anerkennung, auf die es in solchen Verhältnissen letztlich immer ankommt. Die Kosten der Entmischung sind also hoch: Ist die ungeschminkte, unübersehbare Macht erst einmal ins Zentrum des Wahrnehmungsfeldes gelangt, so ist es äußerst schwierig, sie wieder zu vertreiben und zurückzudrängen, um die Normalität der Beziehung zu restituieren.

Literatur

Popitz, Heinrich, 1992: Phänomene der Macht. 2. erw. Aufl., Tübingen: Mohr.

Sennett, Richard, 1985: Autorität. Frankfurt/M.: Fischer.

Weber, Max, 1972: Wirtschaft und Gesellschaft. Grundriß der verstehenden Soziologie (1922). 5. Aufl., Tübingen: Mohr.

Die Schwerkraft der Gewohnheit

Über den Unfug permanenter Reformen

Zeiten haben ihre Begriffe – und Begriffe ihre Zeit. An den Konjunkturen der Verdichtungssymbole (›Freiheit‹, ›Frieden‹, ›Emanzipation‹ usw.), der Verschiebung der Bedeutungsakzente und Einfärbungen des Gebrauchs, lassen sich gesellschaftliche und kulturelle Veränderungen oftmals zuverlässiger ablesen als an statistischen Einstellungsuntersuchungen im Zeitvergleich. Semantik und Pragmatik funktionieren gleichsam als Seismographen des sozialen Wandels: Wenn ehemals euphorische Begriffe ›ausleiern‹ oder plötzlich schal werden, hat sich der Wind gedreht.

Der Begriff der Reform ist dafür ein gutes Beispiel. Es bedarf heute schon einiger Anstrengung, um sich der optimistischen Konnotationen, ja des utopischen Schwungs zu erinnern, mit dem er noch vor zwei, drei Jahrzehnten verwendet wurde. Zwar ist die Rhetorik der Fortschrittsbegriffe – ›Wachstum‹, ›Dynamik‹, ›Veränderung‹ – in den Führungsetagen von Wirtschaft und Politik nach wie vor ungebrochen. Deren Legitimationsfolie ist jedoch nicht länger die Strahlkraft von Utopien oder die Propagierung normativ wünschenswerter Verhältnisse; es sind vielmehr die Zwänge der Globalisierung und des entfesselten Marktes, allenfalls noch die Abwehr unkalkulierbarer Gefahren, die hier – tatsächlich oder vorgeschoben – keine Wahl ließen. Reform – das ist heute weithin ein Negativbegriff, der reflexhaft mit weiteren Belastungen, Einschränkungen und Zumutungen assoziiert wird.

Wie ist es dazu gekommen? Die erste und nächstliegende Erklärung ist natürlich der Kostendruck. Wenn Menschen lange Zeit über ihre Verhältnisse gelebt haben, sind schmerzliche Einschnitte unabwendbar. Wo Reformen Wohltaten und zusätzliche Gratifikationen versprechen, werden sie anders wahrgenommen als dort, wo mit ihnen gespart werden soll. Vor allem Menschen, die auf Kontinuität und mehr oder minder verlässlichen Aufstieg gepolt sind, reagieren oft schon auf kleinere Einbußen mit Panik. Es ist die Grundsituation absteigender oder abstiegsbedrohter Aufsteiger, die dazu führt, dass die Nerven blank liegen und jede Ankündigung einer Veränderung von vornherein mit ressentimentgeladenem Argwohn betrachtet wird.

Allerdings sind es nicht nur die faktischen oder ›gefühlten‹ Verschlechterungen und die antizipierte Gefährdung überkommener Ansprüche, die den Unmut auslösen. Was den Dauerärger endemisch macht, ist sicher auch die verbreitete, freilich durch Massenmedien und Wahlmechanik strukturell vorgezeichnete Neigung des politischen Personals, die prognostizierte Wirkung der Maßnahmen stets im Horizont positiver Werte und allseits geteilter moralischer Maßstäbe zu interpretieren, also Einschränkungen *als* Wohltaten zu verkaufen. Sie schenken unreinen Wein ein und stehen über kurz oder lang als Panscher da. Je größer die registrierte Kluft zwischen Inszenierungs- und Maßnahmenebene, zwischen Reden und Tun, und je öfter sich die Situation wiederholt, umso unaufhaltsamer ist der Verlust an Glaubwürdigkeit.

Grundsätzlich gilt: Vertrauen ist rasch verspielt und schwer aufgebaut. Es kann nur erworben, nicht abgefordert werden. Ist es erst einmal ruiniert, hilft meist nur die Aussicht auf einen zügigen Personalwechsel – und auch dies funktioniert oft nur als Zwischenlösung.

Andererseits wird das Verhältnis zu ›denen da oben‹ häufig auch von unten durch paradoxe Erwartungsstrukturen geprägt und nimmt so den Charakter einer zerstörerischen Beziehungsfalle an. Etwa: Man spricht ihnen jede Verantwortlichkeit ab und schiebt ihnen gleichzeitig die Verantwortung zu; man stilisiert sie als korrupt und unfähig, doch wehe sie vollbringen keine Wunder. Gerade die Inkompetenten sollen gefälligst alle Probleme auf einmal lösen. Das Resultat ist ein grundsätzlicher Ambivalenzkonflikt: Einerseits akzeptiert man den Staat als institutionellen Rahmen und Garant des eigenen Alltags und erwartet von ihm Ordnung und Sicherheit; gleichzeitig aber verweigert man ihm jeden Vertrauenskredit und hat eine diebische Freude daran, wenn man ihn nach Kräften ausnehmen kann und übers Ohr zu hauen versucht.

Trotzdem sind es nicht nur der äußere Problem- und Handlungsdruck, Diskrepanzen zwischen instrumenteller und symbolischer Politik oder selbstwidersprüchliche Publikumshaltungen, die sich zu einer allgemeinen – mal aggressiven, mal resignativen – Niedergangsstimmung verdichten. Eine weitere Ursache sind vor allem die ungewisse Unabgeschlossenheit und der sich oftmals chaotisch darstellende Baustellencharakter der Veränderungen, die den Unwillen steigern. Nicht nur die Reformen als solche, sondern die *Permanenz* der Reformen und Reformreformen, bestimmen den Erwartungshorizont und okkupieren das Wahrnehmungsfeld. Und dies schürt nicht einfach nur Ängste und Unsicherheit, sondern destruiert eine Grundbedingung des gesellschaftlichen Lebens und Alltagshandelns: das Gefühl oder zumindest die Aussicht von Normalität.

Normalität ist ein vielschichtiges Konstrukt. Als mentaler Tatbestand kombiniert sie die Grundgewissheit der Geltung allgemeiner Hintergrundnormen (Rechtsnormen) mit der selbstverständlichen Orientierung an überkommenen Gruppennormen und Üblichkeiten, und beides wiederum ist verschränkt mit einem angelagerten System von Gewohnheiten, das unserem Alltag Stabilität und Struktur gibt. Rechtsnormen, Sittennormen und Gewohnheiten greifen ineinander und verzahnen sich wechselseitig. Es ist das Reich des Selbstverständlichen, des Unbezweifelten und vorbehaltlos Gegebenen. Im Gefühl der Normalität wissen wir, wer wir sind und was wir zu tun haben, und zwar ohne dass wir uns je danach fragen.

Wichtig ist: Anders als Rechts- und Sittennormen sind Gewohnheiten höchst individuell. Sie sind keine Regeln, sondern bloße Regelmäßigkeiten, durch die wir uns entlasten und zugleich für andere berechenbar machen. Ihr Prinzip ist nicht das der Konformität mit äußeren Vorgaben, sondern Kraftersparnis durch Wiederholung. Indem wir ein und dieselbe Sache immer wieder tun, erzielen wir Übungsgewinne und meistern so nach und nach Schwierigkeiten, die uns ansonsten das Leben ständig vergällen würden. Keinesfalls steht die Routine per se im Gegensatz zu Konzentration und Aufmerksamkeit. Ein Beispiel ist etwa das Autofahren: Nur weil die meisten technischen Handgriffe und auch die Einschätzung der allgemeinen Verkehrssituation vollkommen unproblematisch und gewohnheitsmäßig erfolgen, können wir uns ganz auf die wirklichen Gefahrenquellen und -signale, etwa die Bremslichter des Vordermanns und des Vorder-Vordermanns oder einen rollenden Ball im Wohngebiet, dem ein Kind folgen könnte, konzentrieren und entsprechend reagieren. (Andererseits gibt es natürlich auch so etwas wie die ›einlullende‹ Kraft der Routine: Weil wir uns der Bewältigung der Aufgabe *zu* sicher sind, lässt die Aufmerksamkeit nach und wir begehen Fehler.)

Grundsätzlich zeigt sich hier das Ineinandergreifen der verschiedenen Elemente: Ohne die Geltung und Kenntnis der Verkehrsregeln könnten wir keine Fahrroutinen entwickeln. Die konstitutiven Normen der Ordnung, die uns ein bestimmtes Verhalten vorschreiben und vor allem als indirektes Anreizsystem funktionieren (wenn ich kein anderes Fahrzeug ramme, bleibt mein eigenes unbeschädigt und ich komme sicher zum Ziel), sind, auch wenn sie meist im Hintergrund bleiben, die unabdingbare Voraussetzung der Herausbildung von Routinen und Gewohnheiten. Sie sind der selbstverständliche Rahmen, auf den hin wir unsere Gewohnheiten ausrichten und in den sie eingehakt sind. Die Normalität der Ordnung steht und fällt mit der Verlässlichkeit der sie tragenden Regeln.

Reformen nun ändern die Regeln und wollen das System neu justieren. Sie sind Umstellungen der institutionellen Mechanik und bedrohen somit die eingeschliffenen Routinen, die die Individuen ausgebildet haben, um ihren Alltag zu meistern. Oftmals geht es den Entscheidern um die Korrektur dysfunktionaler Anreizsysteme, die unter anderen Voraussetzungen eingerichtet wurden oder unbezahlbar geworden sind. Freilich sind die Abschätzung und Prognose der angestrebten Auswirkungen der Reform vor allem in Hinblick auf die damit verbundenen mentalen Effekte überaus schwierig und spekulativ: Ob Regeländerungen tatsächlich Verhaltens- oder gar Einstellungsänderungen nach sich ziehen, ist stets eine empirische Frage. Manchmal lösen neue Steuerungselemente einen starken, aber nur kurzzeitigen Motivationsschub aus, der rasch versiegt; in anderen Fällen bauen sie indirekt auf die Intaktheit von Reaktionsmustern und Sittennormen, die längst untergraben sind.

Mentalitäten lassen sich durch Reformen wenn überhaupt nur sehr langfristig verändern. Und auch dann haben Umstellungen von Anreizsystemen gesellschaftlich oftmals nur dann eine Chance, wenn sie vollständig und auf einmal und gerade nicht zögerlich in kleinen Schritten erfolgen. Dies war, unabhängig von allen Umsetzungsproblemen im Detail, der richtige Grundgedanke der Steuerreformpläne Paul Kirchhofs, die dieser im Bundestagswahlkampf 2005 propagierte: Wenn man Tricksern das Tricksen nur erschwert, werden sie ihre Trickserei eher perfektionieren als aufgeben. Erst wenn es sich für sie gar nicht mehr lohnt, ergibt sich auf mittlere Sicht die Möglichkeit nachhaltiger Umorientierungen.

Vollends verfahren wird die Situation allerdings dann, wenn die Reformen immer nur unvollendetes Stückwerk bleiben und ständig neue ›Reformwellen‹ keinerlei Ordnungsgewissheit mehr zulassen. Die alte Normalität wird zerstört, ohne dass eine neue aufgebaut werden könnte. Nichts verteidigen Menschen mehr als ihre Gewohnheiten, mit denen sie gleichsam verwachsen sind, ja sie *sind* gewissermaßen ihre Gewohnheiten. Gerade in Zeiten der Unsicherheit und des Umbruchs hält man sich zunächst an das, was sich in der Vergangenheit bewährt hat und macht einfach so weiter, wie man es immer schon getan hat.

Für den letztendlichen Erfolg von Reformen ist daher ihre rasche Implementierung und vor allem ihre *Teleologisierung*, die nachvollziehbare Ausrichtung auf einen erreichbaren Zielzustand, entscheidend. Sie müssen möglichst schnell und dann aber auch weitgehend abgeschlossen eine neue Ordnung, ja neue Tatsachen schaffen, auf die man sich einstellen kann. Nur wenn die veränderte Realität einigermaßen dauerhaft erscheint, kann sie als Ordnungsrahmen des Alltags fungieren, in den nach und nach neue Gewohnheiten eingepasst werden.

Menschen sind oftmals durchaus bereit, sich dramatisch veränderten Umständen anzupassen und hierfür auch große Anstrengungen auf sich zu nehmen. Wozu sie nicht bereit sind, ist, den Umbruch als Dauerzustand hinzunehmen, der ihnen keinerlei Alltagsgewissheit mehr gestattet. Wo die permanente Reform eben nicht als schrittweiser Aufbau einer neuen Stabilität, sondern als bloße Flickschusterei oder gar Willkür und Anomie erscheint, darf man sich nicht wundern, wenn die Betroffenen nur noch mit abwehrender Skepsis reagieren und niemand den schönen Versprechungen mehr Glauben zu schenken vermag.

Politik ist das Ordnen der Ordnung. Und der »Ordnungswert der Macht« (Heinrich Popitz) ist die wichtigste Legitimationsquelle politischer Herrschaft, auch der demokratisch gewählten. Politische Entscheidungen setzen Normen und Normvorgaben, die neue Fakten schaffen und als solche, nach einer bekannten Wendung, selbst normative Kraft entwickeln können. Dieses Kalkül operiert mit der Vorstellung, dass es am Ende nicht Argumente, sondern vollendete Tatsachen sind, die Menschen überzeugen. Doch dies funktioniert wenn überhaupt nur unter der Voraussetzung, dass die neue Realität, die die Politik hervorbringt, nicht sofort wieder von ihr selbst desavouiert wird. Damit die normative Kraft des Faktischen sich entfalten kann, müssen die Menschen glauben, dass die Wirklichkeit, auf die sie sich beziehen, auch Bestand hat.

Gehorsam

Herrschaft, so Max Weber, sei »die Chance, für einen Befehl bestimmten Inhalts bei angebbaren Personen Gehorsam zu finden« (1972, S. 28). Nicht Macht, sondern Herrschaft, also institutionalisierte, auf Dauer gestellte und legitimierte, als berechtigt anerkannte Macht ist das Pendant des Gehorsams. Dem Räuber, der uns überfällt und mit der Waffe bedroht, unterwerfen oder fügen wir uns, dem Herrn gehorchen wir. Der Herr befiehlt, aber er kann fraglosen Gehorsam keineswegs bei allen und nur für Befehle »bestimmten Inhalts« erwarten. Herrschaft und Gehorsam sind durch Legitimität verschweißt und begrenzt.

Gewiss ist auch der Gehorsam Resultat von Zwang. Wir gehorchen, weil wir gehorchen müssen, weil Widerstreben oder gar Weigern Drohungen und Sanktionen auf den Plan rufen würden. Keine Herrschaft ohne Befehls*gewalt*. Die Monopolisierung der physischen Zwangsmittel ist eine conditio sine qua non von Herrschaft und Gehorsam. Und doch bleibt die Gewaltandrohung im Hintergrund, wirkt eher indirekt und latent. Vorrangig ist das Motiv der Anerkennung, die Legitimitätsgeltung der Herrschaft, sei sie nun traditionaler, bürokratischer oder charismatischer Natur. Indem wir die Machtausübung des Herrn als legitim anerkennen, gehorchen wir nicht nur ihm, sondern zugleich den durch ihn verkörperten Legitimitätsprinzipien. Achtung und Anerkennung haben unter anderem die Funktion, profanen Zwang abzumildern. Ja mehr noch: In gewisser Weise ist unser Gehorsam eine subtile Methode, der demütigenden Vorstellung schierer Unterwerfung ein Stück weit entgehen zu können. Wir gehorchen, um der Situation auszuweichen, in naher Zukunft direkt zu etwas gezwungen oder für unseren Ungehorsam bestraft zu werden. Überspitzt ausgedrückt: Wir *wollen* gehorchen, um nicht gehorchen *zu müssen*.

Natürlich variiert dieses intrinsische Gehorsamsmotiv, dieses »Minimum an Gehorchenwollen« (Weber), je nach dem Rigiditäts- und Legitimitätsgrad der Herrschaft: Je unübersehbarer und allgegenwärtiger die Drohung, umso zentraler die Bedeutung von Angst und Schrecken und das Zurückdrängen der Relevanzen der Freiwilligkeit. Trotzdem ist die Vorstellung irrig, dass Härte und Strenge gleichsam automatisch den Legitimitätsglauben schwächen oder untergraben würden. Im Gegenteil: Wo der Herr von sich und seinen Werten stark überzeugt ist, kann die rigorose, ja brutale Durchsetzung seines Willens die Zuschreibung von Legitimität sogar noch erhöhen; erst wenn ihm unterstellt wird, dass sein autoritäres Gebaren in Wirklichkeit Unsicherheit und Selbstungewissheit kaschiere, geht es mit seiner Autorität bergab.

Wo Gehorsam mit Achtung legiert ist, ist er in der Regel kein Problem. Konfliktträchtig wird es immer dann, wenn wir jemandem gehorchen müssen, den wir persönlich verachten.

In diesem personalen Bezug liegt ein Grundmerkmal des Gehorsamsbegriffs. Gehorsam ist immer der Gehorsam einer Person gegenüber dem Befehl einer anderen Person, eines Herrn. Subjekt der eine, Objekt der andere. Hierin unterscheidet sich der Gehorsam von einfacher Anpassung oder Konformität. Anpassung erfolgt an Verhältnisse: unabwendbare Gegebenheiten, normative Vorgaben oder institutionelle Strukturen, denen wir uns fügen, indem wir uns in sie *ein*fügen; Gehorsam hingegen ist wesentlich Fügsamkeit gegenüber einer Person, die eine Position innehat, die es ihr erlaubt, Untergebenen Anweisungen zu erteilen, denen sie Folge leisten müssen. In dieser Spannungsbalance von Positionsinhaberschaft und Personalität gründet die eigentümliche Ambivalenz des

Gehorsamsverhältnisses, das Changieren des Gehorsams zwischen den Polen von institutioneller Anpassung und persönlicher Unterwerfung.

Obwohl empirisch vermischt, dominieren in verschiedenen Herrschaftssystemen jeweils unterschiedliche Gehorsamsmotive. Wo das Autoritätsverhältnis intakt ist und das überragende Ansehen und Prestige des Herrn außer Frage steht, ist ostentativer Gehorsam häufig eine Methode, die Aufmerksamkeit des Herrn zu erlangen, damit dieser die Anerkennung von unten durch Anerkennung von oben beantworte und belohne. Der Unterlegene will so die Reziprozität des Autoritätsverhältnisses für sich aktivieren, also: Gehorsam für Schutz und Fürsorge, Teilhabe an der Aura der Autorität, Geborgenheit in dem durch sie repräsentierten Wertsystem.

Demgegenüber spielt in Systemen legaler Herrschaft das materielle Nutzenkalkül eine Hauptrolle: Man gehorcht den Anweisungen des Vorgesetzten routinemäßig, weil der Gehorsam unreflektierter Teil eines normalen Arbeitshandelns ist, das mit dem Besitz einer festen Stelle und regelmäßigem Einkommen verbunden ist. Wo Ungehorsam absehbar empfindliche materielle Nachteile und Einbußen beschert, können Sanktionsdrohungen, z. B. in Form von Disziplinarregeln, normalerweise im Hintergrund bleiben. Man gehorcht, weil es einen Anreiz dafür gibt, und mindert auf diese Weise zugleich das Gefühl, ständig einem fremden Willen unterworfen zu sein. Der gewonnene oder antizipierte Vorteil erleichtert die Internalisierung des Gehorsams. Dem Beamten wird er so zur ›zweiten Natur‹: Er gehorcht automatisch, indem er einfach nur seine Pflicht tut.

In dieser Konstellation tritt die Entlastungsfunktion des Gehorsams, die Befreiung von beschwerlicher Unsicherheit und Orientierungsproblemen, besonders hervor. Gehorsam ist bequem, und Bequemlichkeit disponiert zum Gehorsam. Wer gehorcht, braucht sich um Alternativen und Dilemmata, um Fragen des Ob und Weshalb nicht weiter zu kümmern.

Eine andere Relevanzstaffelung gilt unter Bedingungen totaler Herrschaft. In der Diktatur dominieren Angst und Furcht als Gehorsamsmotive, steht die Sanktionsgewalt des Herrn im Zentrum des Wahrnehmungsfeldes. Anpassung und widerspruchsloser Gehorsam sind hier vor allem eine Methode, sich unauffällig zu machen. Wo die Drohung allgegenwärtig und übermächtig ist, muss man versuchen, nicht nur jeden Sanktionsanlass zu vermeiden, sondern sich bereits dem Blick des Herrn und seiner Helfershelfer zu entziehen. Deswegen der Ausbau des Überwachungsapparats und die Intensivierung der Kontrolle, die wiederum verstärkte Anstrengungen des Verbergens nach sich ziehen. Alles kommt unter diesen Umständen darauf an, nicht zum Objekt und zur Zielscheibe möglicher Sanktionen zu werden, ein Risiko, das man natürlich auch dadurch minimieren kann, dass man sich selbst als Teil der Hilfstruppe anwerben lässt. (Wobei die Rechnung, Wächter würden weniger überwacht, häufig jedoch gerade nicht aufgeht.)

Von der ›normalen‹ Diktatur ist die extreme Lebenswelt totaler Institutionen, paradigmatisch: des Konzentrationslagers, nachhaltig zu unterscheiden. Als »System absoluter Macht« (Sofsky 1993) kennt das Lager keinerlei Konditionalstruktur, an der sich die Ohnmächtigen orientieren könnten. Es ist ein Universum der Ungewissheit, in dem jederzeit alles erlaubt, jeder Übergriff möglich ist. Todesdrohung und Normverstoß sind entkoppelt, nichts bändigt die Gewalt und Willkür der Machthaber. Dies ist der qualitative Unterschied: In der Diktatur verspricht Gehorsam (relative) Sicherheit, im Lager keineswegs.

Grundsätzlich gilt: Analytisch sind das Warum und das Wie des Gehorsams auseinander zu halten. In der letzteren Perspektive können auf der unmittelbaren Handlungsebene diverse *Arten der Fügsamkeit* klassifiziert werden, die zugleich als mikropolitische Inszenierungstechniken zu verstehen sind. Als Typisierungskriterium bietet sich dabei der größere oder geringere Grad inneren Einverständnisses, sozusagen das Maß der Gehorsamkeit des Gehorsams an. Angeregt, aber auch etwas abgesetzt von Bosetzky/Heinrich (1989, S. 159f.) seien hier sechs Varianten aufgeführt.

1. *Vorauseilender Gehorsam* geht auf Nummer Sicher. Um jeden Preis will er den Konflikt vermeiden, erahnt deshalb schon den Befehl, noch bevor er gegeben wird. Auf diese Weise kann er sich einbilden, nicht auf Befehl, sondern aus eigenem Antrieb zu handeln, und gleichzeitig darauf spekulieren, durch die offensive Betonung der Willfährigkeit den Herrn *gnädig* zu stimmen, sollte es trotz aller Vorsicht doch einmal einen Sanktionsanlass geben.

2. Demgegenüber ist im *habituellen Gehorsam* das Sanktionskalkül in den Hintergrund verbannt, ohne dass es indes ganz bedeutungslos wird. Vorrangig ist jedoch der Aspekt der Selbstentlastung durch Routine, das Geschick und Vergnügen, sich und anderen *keine* Fragen zu stellen: Wonne der Borniertheit. So sehr ist er daran gewöhnt zu gehorchen, dass der Gehorsam gegenüber der Macht hinter der Macht der Gewohnheit beinahe verschwindet.

3. Anders der *begeisterte Gehorsam*, der sich zusätzlich engagiert und das Soll übererfüllt. Es ist ein antiautoritäres Missverständnis zu glauben, Gehorsam und Begeisterung, Willfährigkeit und gesinnungsethische Hingabe, schlössen sich aus. Im Gegenteil: Wo Gehorsam auf Überzeugtheit und Folgebereitschaft beruht, kann er sich

bis zur bedingungslosen Ergebenheit gegenüber einem charismatischen Führer oder einer Heilssache steigern. Mehr noch als der habituelle Gehorsam weiß die begeisterte Fügsamkeit gar nicht mehr, dass und wie sehr sie gehorcht.

4. Im Gegensatz dazu ist dem *mürrischen Gehorsam* die Verletzung seiner Interessen präsent. Der Untergebene gehorcht, aber er gehorcht widerwillig, mault und nörgelt herum. In gestischen und mimischen Signalen der Distanzierung behauptet er Selbständigkeit, pocht auf die Differenz von äußerem Handeln und innerer Motivlage. Freilich ist der Widerstand nur angedeutet, nicht explizit: Trotz Murrens steht die generelle Gehorsamsbereitschaft nicht in Frage, einen offenen Sanktionsanlass gibt es für den Herrn nicht. Gleichzeitig jedoch zwingt das angedeutete, aber auch unwägbare Widerstreben den Machthaber oftmals zu aufwendiger Nachkontrolle und damit zur Erhöhung seiner Investitionen und Machtkosten – ein Effekt, auf den zuweilen auch von unten strategisch gesetzt wird, um weiterer Befehlsflut vorzubeugen.

5. Vom widerwilligen Gehorsam ist der *Gehorsam unter Protest* zu unterscheiden. Hier wird der Dissens eindeutig artikuliert, obwohl er sich im Handeln gerade nicht fortsetzt. Der Protestierende gehorcht unter Vorbehalt, gibt ihn gewissermaßen zu Protokoll. Das heißt: Er fügt sich der Macht, nicht der Legitimität des Herrn. Trotzdem bleibt der Affront begrenzt und ist mitunter für den Herrn sogar von Vorteil: Weil der andere seine Gegenposition klar ausgedrückt hat, kann der Herr meist relativ sicher sein, dass die Ausführung seines Befehls dann recht problemlos erfolgt. Offen artikulierter Widerspruch erfordert in der Regel weniger Nachkontrolle als hinhaltendes Maulen und Murren.

6. Bleibt zu guter Letzt der *stumme Gehorsam*. In einer Brechtschen Keuner-Geschichte fragt der Herr den Knecht, ob er ihm immer dienen werde. Der Knecht antwortet nichts. Irgendwann stirbt der Herr, und der Knecht sagt »Nein«.

Trotz seiner Unwägbarkeit kommt der stumme Gehorsam dem Ideal, dem *Begriff* des Gehorsams am nächsten. Gehorsam ist Tun, Ausführung eines Befehls, den ein anderer gegeben hat. Das Sagen des einen verlängert sich in das Handeln des anderen, ohne dass dieser etwas zu sagen hätte. Wenn er den Befehl wiederholen muss, so nur, damit sichergestellt ist, dass er ihn auch verstanden hat. In der einspurigen Abfolge von Befehl und Gehorsam ist die Reziprozität der Kommunikation getilgt, die Bedeutung der Sprache als Aushandlungsmedium sozialer Beziehungen ausgesetzt.

Der Befehl ist, so das Bild von Elias Canetti, ein Pfeil. Er trifft ins Zentrum des Selbstverhältnisses des anderen, seine Freiheit und Selbstachtung. Freiheit ist immer die Freiheit, nein zu sagen, Ansinnen und Erwartungen anderer zu enttäuschen und stattdessen eigene Interessen artikulieren und durchsetzen zu können. Wer gehorcht, gesteht damit ein, nicht in der Lage zu sein, nein sagen zu können. Er ist der Schwächere, Unterlegene. Wie zwingend und unausweichlich die Bedingungen und wie gut die Gründe des Gehorsams auch sein mögen, der Gehorchende verzichtet auf die Verfolgung eigener Wünsche und Ziele und ordnet sich denen des Herrn unter. Indem er gehorcht, definiert er sich selbst als Knecht. Er realisiert die Absichten und Interessen des anderen in seinem eigenen Handeln und nimmt die Demütigung auf sich, seiner Freiheit beraubt zu sein.

Literatur

Bosetzky, Horst, 1980: Macht und die möglichen Reaktionen der Machtunterworfenen. In: Gerhard Reber (Hg.): Macht in Organisationen. Stuttgart: Poeschel, S. 135-150.

Bosetzky, Horst, Peter Heinrich 1989: Mensch und Organisation. Aspekte bürokratischer Sozialisation. 4. Aufl., Köln: Deutscher Gemeindeverlag.

Canetti, Elias, 1960: Masse und Macht. Hamburg: claassen.

Sofsky, Wolfgang, 1993: Die Ordnung des Terrors. Das Konzentrationslager. Frankfurt/M: Fischer.

Weber, Max, 1972: Wirtschaft und Gesellschaft. Grundriß der verstehenden Soziologie (1922). 5. Aufl., Tübingen: Mohr.

Solidarische Beutezüge

Zur Theorie der Seilschaft

Seilschaften sind, so ist allenthalben zu lesen, ein Ärgernis. Leute mit gleicher ideologischer Couleur schließen sich zusammen, um eine Organisation zu erobern und sie dann besetzt zu halten. Was einer allein nie geschafft hätte, der Seilschaft gelingt es. Und hat sie die Kommandohöhen der Macht erst einmal erreicht, so ist sie auch bei einem Erdbeben ihrer Umgebung nur schwer zu vertreiben. Warum eigentlich?

Seilschaften sind solidarische Gruppen. Sie setzen sich ein gemeinsames Ziel und nehmen sich vor, es gemeinsam zu erreichen. Das Ziel ist, trotz der parallelen Gesinnung, keineswegs ideell, es besteht im maximalen Nutzen für jeden einzelnen. Das Gruppeninteresse ist die Summe der Egoismen. Die Gruppe hält nach innen und gegen außen zusammen, und ihr Zusammenhalt ist das Seil. Ja, das Seil *ist* im Grunde nichts anderes als die Verbindung der Einzelinteressen, und es ist nur so stark, wie diese Verbindung ist. Seilschaften sind Zweckbündnisse, deren unmittelbare Ziele sich unter wechselnden Umständen natürlich verändern und umstrukturieren können. Auch wenn der Gipfel unerreichbar geworden ist, kann man sich immer noch vor dem Absturz sichern.

Zusammenarbeit und Hilfe

Das Erfolgsgeheimnis der Seilschaft ist zunächst die Verbindung der individuellen Interessen mit kollektiver Produktivität. Es ist vor allem die *Leistungsfähigkeit* der Gruppe, die ihr anderen vereinzelten Konkurrenten gegenüber strategische Vorteile und Machtvorsprünge verschafft. Heinrich Popitz (1968, S. 19ff.) hat die produktive

Überlegenheit von Solidaritätskernen als einen Grundmechanismus der Machtbildung beschrieben. Die Gruppe erwirbt Macht, weil sie Ressourcen und Kompetenzen zusammenlegt, weil sie etwas tut, wo die anderen noch überlegen, was zu tun sei und ob sie überhaupt etwas tun sollen. Die Gruppe ist entschlossen, wo die anderen abwarten, und sie gewinnt diese Entschlossenheit aus ihrer Einigkeit, ihrem ideologischen Gleichklang. Aber auch umgekehrt: Ihre Entschlossenheit eint die Gruppe und motiviert sie zu weiteren Anstrengungen. Je mehr sie leistet und je größer die Anfangserfolge, umso stärker die erwachende Beutegier, die zu weiteren Unternehmungen antreibt.

Ein wesentliches Moment der Produktivität der Gruppe ist eine besondere Arbeitsteilung. Das ABC des Bergsteigens unterscheidet Zweier- und Dreier- oder mehrgliedrige Seilschaften, die alle nach dem gleichen Prinzip funktionieren: Der eine klettert, der andere sichert, dann sichert der erste und zieht den anderen nach. Das Klettern des einen ist deshalb so effektiv, weil er sich vom anderen gesichert weiß. Gewiss muss auch er achtgeben und darf nicht allzu oft ausrutschen, denn jeder Fehltritt wirft ja auch die Seilschaft als Ganzes zurück; weil aber das Risiko gemindert und auf mehrere Schultern verteilt ist, kann er sich ganz aufs Klettern konzentrieren und auch solche Passagen meistern, die er sich allein vielleicht nicht zugetraut hätte. In Seilschaften reüssieren auch durchschnittliche Talente, auch der mittelmäßige Könner kommt hier zum Zug. Die *Solidarität* der Gruppe stützt ihn und gibt ihm Rückhalt, sie steigert die Motivation und Leistungsfähigkeit der einzelnen, die sich in ihrem Zusammenwirken noch einmal potenziert.

Solidarität ist gemeinhin die Waffe der Unterlegenen. Gegen die Übergriffe und Spaltungstaktik der Mächtigen, also das Prinzip ›teile und herrsche‹, setzen die Angreifenen das Prinzip der selbstorganisierten Gleichheit, des Teilens und Helfens. Sie unterstützen einander in der Not; wer mehr hat, gibt dem anderen, um das Überleben zu sichern. Dabei ist Solidarität, anders als der Altruismus der Nächstenliebe, durchaus ein Verhältnis auf Gegenseitigkeit: Man erwartet, dass im umgekehrten Falle auch der, den man unterstützt, einen unterstützen würde. (Dies ist übrigens der Grund, weshalb man nicht gerne mit jemandem solidarisch ist, der seinerseits Schwächeren die Solidarität verweigert, sie gar mit Füßen tritt.) Auch die Seilschaft lebt vom Grundprinzip der gegenseitigen Hilfe, dies freilich mit dem entscheidenden Unterschied, dass die Solidarität hier nicht der Linderung einer gemeinsamen Not oder Abwehr einer Gefahr dient, sondern von vornherein ein Vehikel der Eroberung der Macht, bloßes Instrument der Einzel- und Gruppeninteressen ist. Der einzige Zweck der Hilfe ist, der Gruppe zur Macht zu verhelfen, ihr Einfluss und Pfründen zu sichern. Seilschaften unternehmen solidarische Beutezüge und teilen die Beute unter sich auf. Ihre Gemeinsamkeit ist eine Funktion ihres Erfolgs. Wenn es nichts mehr zu verteilen gibt, bricht die Solidarität zusammen.

Gruppeninteresse und Organisation

Die Leistung der Gruppe nützt zugleich der Organisation. Die Motivation und das Engagement der Seilschaft führen ihr neue Ressourcen zu und bessern ihre Leistungsbilanz auf. Die Impulse der Gruppe erwecken die Organisation zu neuem Leben, die Gruppe arbeitet für sich *und* die Organisation und macht sich dadurch unentbehrlich. Sie gewinnt Ansehen, weil sie Erfolg hat, und sie hat weiter Erfolg, weil ihre Leistungen anerkannt werden. So kann sie ihre Position ausbauen. Ihr Ziel ist die Gleichsetzung des Gruppeninteresses mit dem der Organisation, ein Zustand, in dem alle Organisationsmitglieder die Leistungen und Kompetenzen der Gruppe zumindest mittelfristig für unersetzbar halten.

Die Machtquelle der Unersetzbarkeit ist, in gewissen Grenzen, vor allem eine Frage von Interpretationen und Zuschreibungen. Unersetzbar ist, wen andere für unersetzbar halten. Sie mögen über ihn schimpfen, sich von ihm bevormundet oder sogar gedemütigt fühlen – solange sie keine Alternative sehen, ist er in seiner Macht unangreifbar. Mehr noch: Der Schimpfklatsch über die Mächtigen ist oft nur eine Methode, sich darüber hinwegzutäuschen, dass man sie gewähren lässt, sich nicht wirklich gegen sie wehrt. Da man selber die Verantwortung scheut, bleibt sie bei denen, die man gleichzeitig verachtet und braucht. Man zieht über sie her und gehorcht ihnen trotzdem, weil man sich unter den gegebenen Umständen gar nichts anderes vorstellen kann.

Hat sich die Seilschaft in den oberen und mittleren Rängen erst einmal festgesetzt, so hat sie fortan die Routinen der Organisation im Rücken. Ihre Macht verzahnt sich mit der Macht der Gewohnheit. Die Herrschaft der Gruppe garantiert eine Normalität, eine *Ordnung*, die man vielleicht nicht mag, aber in der man sich einrichten kann.[1] Man weiß, woran man ist und womit man zu rechnen hat, die gewisse Misere scheint besser als eine ungewisse Zukunft. Und je länger die Gruppe, auf die verschiedenen Positionen verteilt, schon im Sattel sitzt, umso leichter ist es für sie, unliebsame Herausforderer abzuwehren.[2] Sie nutzt das interne Dienstwissen der Organisation, die intime Kenntnis der eingeschliffenen Routinen und Kräfteverhältnisse, um Neuankömmlinge ›auflaufen‹ zu lassen und die Vorstellung ihrer Unersetzbarkeit zu zementieren. Auch wenn sich die Gruppe im Laufe der Jahre längst auseinandergelebt hat und ihre Erfolge und Leistungen schon lange zurückliegen, so verfügt sie doch nach wie vor über gemeinsame Antennen der Außenwahrnehmung, rastet die bewährte Kooperation bei einer Bedrohung von außen sogleich wieder ein. Die Gefahr des Machtverlusts eint und motiviert die Gruppe erneut, um die gewohnten Pfründen zu verteidigen.

Die Erbitterung solcher Abwehrkämpfe wird verständlich, wenn man nach dem Typus von Mitgliedern fragt, aus denen sich Seilschaften rekrutieren. In der Organisationssoziologie werden seit langem zwei Expertentypen unterschieden, *locals* und *cosmopolitans*, die sich an unterschiedlichen beruflichen Selbstbildern und Karrieremustern orientieren (vgl. Gouldner/Newcomb 1968). Während der *local* seinen beruflichen Erfolg primär über die Anerkennung und Wertschätzung im Innern der Organisation definiert, also die Bestätigung durch seine unmittelbaren Arbeitskollegen sucht, ist dem *cosmopolitan* eher an Achtung und Reputation in der übergreifenden Fachgemeinschaft gelegen. Für ihn zählt vor allem das Urteil anderer unabhängiger Sachverständiger, das durch keinerlei institutionelle Kompromisse getrübt ist; seine Bindung an die Organisation ist entsprechend gering. Er kommt auch alleine, ohne Gruppe voran. Seilschaften sind deshalb normalerweise Zusammenschlüsse von *locals*. In ihnen finden Leute zueinander, bei denen sich eher durchschnittliche Fähigkeiten mit einem ausgeprägten Interesse an Pfründen und Macht bei gleichzeitig hohen Sicherheitsbedürfnissen verbinden. Daher die Zähigkeit ihres Sitzfleisches bei einem Angriff von außen und das Umschalten auf Intrige und Ressentiment als bevorzugte Methoden der Machterhaltung. Sie klammern sich an die Organisation, weil sie für sich anderswo keine Chance sehen. Ihre Leistungen und Kompetenzen haben nur dort einen Wert, wo es ihnen gelungen ist, sich unentbehrlich zu machen.

Die Unterscheidung der Expertentypen verweist zugleich auf den Punkt, an dem die ursprünglich produktiven Funktionen der Seilschaft endgültig in ihr Gegenteil, in Immobilismus und Lethargie umschlagen. Zuerst arbeitet die Gruppe für sich und die Organisation, sodann schreibt sie die Erhaltung der Organisation auf ihre Fahnen und verbucht deren Leistungen für sich, und am Ende versucht sie, das Definitionsmonopol darüber zu erlangen, was überhaupt als Leistung gilt und was nicht. Sie schwingt sich zum Normsetzer auf und erklärt die lokalen Standards zu absoluten. Ihre zentrale Machtstellung und Unersetzbarkeit erlauben ihr, die Kriterien für Qualität und Kompetenz zu diktieren; externe *cosmopolitans* können auf diese Weise leicht herausgehalten und interne Quertreiber neutralisiert werden. Die Seilschaft verwandelt die Organisation gleichsam in ein autarkes Gebiet, das nur noch seinen eigenen Gesetzen, und das heißt konkret: ihren Interessen und Funktionsvorgaben, gehorcht.

Ist dieser Zustand erst einmal erreicht, so lässt sich die destruktive Dynamik von Scheinaktivismus und innerer Agonie meist nur von außen aufsprengen. Palastrevolten kommen gelegentlich vor, sind aber selten. Nur wenn das Definitionsmonopol gebrochen wird, haben Reformen eine Chance. Andererseits ist völlige Autarkie ja fast immer eine wirklichkeitsfremde Fiktion. Schon der Vergleich mit anderen Organisationen, ihre sachliche Vernetzung, die Zwänge der Konkurrenz und der Kooperation erlauben kein vollständiges Abkoppeln der normativen Standards. Auf Dauer ist der Leistungsschwund nicht zu kaschieren, der Zerfall der Organisation offenkundig. Aber vor allem dort, wo die Kriterien in hohem Maße interpretationsabhängig sind und sich gültige Urteile oft erst über einen langen Zeitraum hinweg einpendeln, kann eine solche Strategie der Selbstprovinzialisierung auf mittlere Sicht durchaus erfolgreich sein.

Interne Differenzen

Der Aufstieg der Seilschaft ist der Erfolg ihrer Kooperation: Je produktiver die Gruppe, desto größer der Machtgewinn. Dennoch funktioniert die Zusammenarbeit keineswegs immer so reibungslos, wie dies von außen erscheint. Das Bild der kompakten, nahtlos harmonierenden Gruppe ist eine ideologische Konstruktion. Die externe Perspektive neigt dazu, Spannungen und Konflikte auszublenden und den Sand im Getriebe zu übersehen. Sie starrt auf die Mechanik des Machterwerbs und vergisst darüber, wie viele Seilschaften oft schon im Anfangsstadium scheitern. So treibt das Bedürfnis nach Sicherheit zuweilen seltsame Blüten: Manche seilen sich an, wo gar keine Berge in Sicht sind, und werden im hügeligen Gelände von wendigen Einzelkletterern mühelos überholt. Oder es bilden sich Seilschaften, die eigentlich nur aus Trittbrettfahrern bestehen, die alle durchgeschleppt werden wollen; auch deren Produktivität ist naturgemäß eher gering. Andererseits gibt es freilich auch den umgekehrten Fall: Einer lernt in der Seilschaft das Klettern und bewährt sich später als hervorragender Einzelkönner. Mit Hilfe der Gruppe emanzipiert er sich von der Gruppe. Zwar könnte die Gruppe ihn auch weiterhin brauchen, aber er braucht nicht länger die Gruppe.

Die letzte Konstellation offenbart das zentrale Bestandsproblem von Seilschaften und von Zweckbündnissen überhaupt. Es besteht einfach darin, dass die Realisierung der individuellen Ziele und Interessen eben nicht synchron, sondern asymmetrisch und zeitverschoben erfolgt. Während der eine seine Schäfchen bereits im Trockenen hat, sind die anderen vom sicheren Ufer noch weit entfernt. Definitiver Erfolg und Nochnicht-Erfolg oder möglicher Misserfolg existieren nebeneinander und gleichzeitig und begründen unterschiedliche, ja gegensätzliche Interessen. Es ist diese Ungleichverteilung im Erreichen der Zwecke, die als innerer Sprengsatz in Gruppen dieses Typs von Anbeginn eingebaut ist und die Zusammenarbeit und Hilfe auch dort, wo sie über weite Strecken reibungslos funktioniert, strukturell konterkariert und gefährdet.

Die komfortabelste Position hat natürlich der Obermann. Er ist bereits dort, wo die anderen hin wollen. Sie haben ihn unterstützt und gesichert, aber er kann, wenn er will, das Seil kappen. Angekommen auf den Höhen der Macht, geht sein Blick in die Weite und nicht nach unten; er pflegt jetzt den Umgang mit Gleichrangigen und ist auf die Gefährten von einst nicht mehr angewiesen. Weil er ihnen gegenüber meist der Stärkere ist und beim Aufstieg mehr als andere geleistet hat, empfindet er sie nun eher als Ballast. Trotzdem kann es für ihn opportun sein, sie nachzuziehen: Er sichert sich so die Produktivität der Gruppe, die er auch im Machtspiel der oberen Etage gut gebrauchen kann, um seine Stellung zu festigen. Außerdem verpflichtet er seine Genossen zu zusätzlicher Dankbarkeit und Loyalität. Er erneuert das unbedingte Vertrauen, die letztlich *persönliche* Bindung und Abhängigkeit, die die Beziehungen der Gruppenmitglieder strukturiert, und gewinnt damit eine nicht zu unterschätzende Ressource für zukünftige Auseinandersetzungen. Denn ein Seil, das nicht gekappt wurde, obwohl es hätte gekappt werden können, ist offensichtlich besonders stark und verlässlich.

Weitaus prekärer ist die Situation des Mittelmanns. Er ist dem Wohlwollen des Obermanns auf Gedeih und Verderb ausgeliefert und hat nur nach unten die Wahl. Weil er dem Obermann Untermann und dem Untermann Obermann ist, ist er abhängig und unabhängig zugleich. Zwar verbindet ihn mit dem Untermann das Grundgefühl gemeinsamer Abhängigkeit, unmittelbare Hilfe kann er aber nur von oben erwarten. Deshalb orientiert er sich fast ausschließlich nach oben und blockt den Untermann ab. Die figurative Konstellation erlaubt neue und überraschende Koalitionen und verwandelt die Solidarität von einer Selbstverständlichkeit in einen Verhandlungsgegenstand. So knüpft der Obermann den Nachzug nicht selten an die Bedingung, dass der Mittelmann das Seil hinter sich kappt. Umgekehrt gibt es freilich auch die andere Situation: Der Obermann sieht einfach weg und tut nichts; Mittel- und Untermann bleibt nichts anderes übrig, als eine neue Zweier-Seilschaft aufzumachen und zu versuchen, das Ziel aus eigener Kraft zu erreichen.

Den Letzten beißen die Hunde. Der Untermann ist von den anderen abhängig und gleichzeitig am weitesten vom Platz an der Sonne entfernt. Zudem ist er meist das schwächste Glied in der Kette, derjenige, der am wenigsten beigetragen hat und am leichtesten zu ersetzen ist. Über den Erfolg der Seilschaft vergisst man oft, wie viele Untermänner bei ihrem Aufstieg auf der Strecke geblieben sind. Sie verschwinden in den Grauzonen des Arbeitsmarktes oder finden doch noch eine Nische im Dickicht der Organisationen, aber sie fallen keinem mehr auf. Im Innern der Seilschaften herrscht mitunter ein gnadenloses Leistungsprinzip, ein mit allen Haken und Ösen ausgetragener Verdrängungswettbewerb, der das Gerede von Solidarität Lügen straft. Hilflos hängt der Untermann von den Entscheidungen seiner Vorderleute ab und vermag deren Kosten-Nutzen-Kalküle kaum zu beeinflussen. Er muss weiter auf die setzen, die auf ihn nicht mehr setzen müssen. Manchmal hält er dies nicht mehr aus: Er dramatisiert irgendein Teilproblem zu einem ideologischen Grundsatzstreit, zeiht die anderen des Verrats an der gemeinsamen Sache und kappt selber das Seil. Zwar beraubt er sich so aller weiteren Chancen, aber er behält seine Selbstachtung, wahrt wenigstens vor sich selbst das Gesicht. Die früheren Kumpane haben die Macht gewonnen, aber die Ehre verloren.

Die Rolle der Ideologie

Ebenso wie die Reibungslosigkeit der Kooperation wird die Bedeutung der Ideologie zumeist überschätzt. Seilschaften werden als finstere Verschwörerzirkel vorgestellt, als Gruppen von Überzeugungstätern, die eine ahnungslose Organisation erobern oder besetzt halten. Kompetenz werde durch Gesinnung und Linientreue ersetzt, das Ergebnis sei eine Hierarchie der Unfähigen, die eisern zusammenhalte und jede Veränderung blockiere.

Nun mag ein solches Bild vor allem dort, wo Beamtenrecht oder freies Mandat weitgehende Unangreifbarkeit sichern, gelegentlich eine gewisse Plausibilität haben. Der Normalfall sieht jedoch anders aus. Gewiss gibt es auch ›missionarische‹ Seilschaften, die die Maximierung des Machtgewinns in den Dienst ideologischer Kreuzzüge stellen; weit häufiger aber ist die gemeinsame Gesinnung eher Ausdruck und Vehikel einer bestimmten sozialen Ähnlichkeit, sie speist sich aus einer im Grunde persönlichen Affinität der Mentalitäten und Lebenshaltungen, die die Gruppenmitglieder teilen und die sie miteinander verbindet. Nicht ideologische Kohärenz, sondern interpersonelles Vertrauen und verzahnte Interessen sind das Material, aus dem das Seil geflochten ist. Kennzeichnend für Seilschaften ist daher in der Regel ein eher pragmatischer, gleichsam entideologisierter Umgang mit der eigenen Ideologie. Um in der Sache voranzukommen, ist ein gemeinsamer Überzeugungsrahmen sinnvoll und nützlich, aber keineswegs ausreichend. Die Beschwörung von Werten und Utopien verschafft allenfalls kurzzeitig Machtvorsprünge und sichert keine materiellen Ressourcen. Hier sind andere Kompetenzen, Fachwissen und taktisches

Geschick, gefragt. Gerade als Praktiker des Machterwerbs können sich Seilschaften ideologische Hahnenkämpfe kaum leisten.

Die gängige Denunzierung von Seilschaften als ideologisch kompakte Verschwörergruppen hat wenig mit der empirischen Wirklichkeit, dafür umso mehr mit politischer Strategie zu tun. Sie funktioniert im Wesentlichen nach der Devise: »Haltet den Dieb!« Wer andere der Gesinnungskarriere beschuldigt, reklamiert gleichzeitig für sich ideologiefreie Sachlichkeit. Wo andere ihren Erfolg undurchsichtiger Protektion und Klüngelei verdanken, erscheint der eigene Status ausschließlich als Resultat persönlicher Leistung und Fachkompetenz. Tatsächlich ist häufig genug das Gegenteil der Fall: Oft sind es gerade diejenigen, die ohne Vitamin B niemals dorthin gelangt wären, wo sie heute sind, die am lautesten die Stimme erheben und die verrotteten Zustände anprangern. Ihre eigene ideologische Borniertheit prädestiniert sie für die Rolle des Anklägers. Und das Gleiche gilt für die immer schon mittransportierte fachliche Herabwürdigung und Geringschätzung. Gerade Mittelmaß denunziert Mittelmaß: Es weiß, wovon es redet. Ebenso wie die Seilschaft versucht, sich als Normsetzer und Normhüter zu etablieren, so unterstellt umgekehrt auch die polemische Kritik der Seilschaft die fraglose Geltung einer Norm, die man für sich selber beansprucht.

Seilschaften sind weder harmlos noch des Teufels, sondern ganz normale Techniken des Machterwerbs in formalen Organisationen. Man muss sich einmal klarmachen, in welchem Ausmaß die Funktionsweise bürokratischer Organisationen dem Prinzip der Seilschaft entgegenkommt, es in gewissem Sinne sogar reproduziert. So brauchen auch Organisationen einen bestimmten ideologischen Rahmen und Wertkonsens, in dem sie sich selber verorten; die sachbezogene Zusammenarbeit der Organisationsmitglieder ist umso erfolgreicher, je mehr sie sich zugleich auf einen stabilen emotionalen Unterbau, auf eine gemeinsame ›Wellenlänge‹ und persönliches Vertrauen stützen kann. Oft besetzen die oberen Positionsinhaber frei werdende Mittelränge deshalb mit ihren Zöglingen: Bei ihnen weiß man, woran man ist und was man von ihnen erwarten kann, außerdem spart man die Reibungsverluste der Einarbeitung. Das Sicherheitsbedürfnis der Organisation, die Furcht vor Störungen in den routinisierten Arbeitsabläufen, begünstigt den *local*. Und dies ist für den sozialen Zusammenhalt, der ja auch eine produktive Ressource der Organisation darstellt, in vielen Fällen durchaus funktional: Erfahrene Personalchefs achten gerade auf die *Mischung* von lokal und kosmopolitisch orientierten Mitarbeitern; eine Gruppe, die nur aus kosmopolitischen Einzelkönnern mit geringer Organisationsbindung besteht, wird sich schwer zu einem leistungsfähigen Team formen lassen. Wo Organisationen also nicht explizit auf Elitenrekrutierung und Spitzenleistungen angelegt sind, ist die Normalität und Durchschnittlichkeit der Kompetenzen, wie sie für die Mitglieder von Seilschaften charakteristisch ist, durchaus kein Mangel. Es ist ja gerade das Geniale an der sozialen Erfindung der Bürokratie, dass sie es erlaubt, mit durchschnittlichen Talenten und mittelmäßigen Fähigkeiten ein relativ hohes Leistungsniveau sicherzustellen und berechenbare Ergebnisse zu erzielen (vgl. Scott 1986, S. 97f.).

Zwischen Bürokratie und Seilschaft besteht also eine Wahlverwandtschaft: Die Bürokratie begünstigt die Seilschaft, und die Seilschaft bedient sich der Bürokratie. Sie nutzt entschlossen die Machtchancen, die sich ihr bieten, und macht sich die Organisation zur Beute. Dies geschieht typischerweise in dem dargestellten Dreischritt: Produktivitätsvorsprung – Unersetzbarkeit – Normdiktat. Doch auch hier ist die tatsächliche Politik der Seilschaft, die

Kärrnerarbeit des Machterwerbs und der Machterhaltung, strikt zu unterscheiden von jenen Mythen und Gerüchten, die interessierte Gegner ausstreuen und erregte Zuschauer nur allzu gern glauben. Seilschaften operieren nicht nach einem langfristigen strategischen Plan, und die wenigsten gründen auf einem ideologischen Komplott. Die Akkumulierung der Macht erfolgt eher ad hoc und instinktiv, man nimmt, was man kriegen kann, und sichert das Erreichte. Beutegier und Sicherheitsbedürfnis müssen auf jeder Stufe neu austariert werden; schon deshalb wachsen die Ambitionen meistens nicht in den Himmel, wird aber auch das eroberte Terrain mit Klauen und Zähnen verteidigt. Was Seilschaften so unberechenbar und mitunter so gefährlich macht, ist die Tatsache, dass das bestimmende Motiv ihres Handelns nicht so sehr in der rastlosen Maximierung des Gewinns zu suchen ist, sondern in jenem Wesenszug, den Elias Canetti als inhärente Tendenz und das eigentlich zerstörerische Potenzial der Macht beschrieben hat: die Sehnsucht, sich unangreifbar zu machen.

Anmerkungen

[1] Zum Ordnungswert der Macht vgl. Popitz 1968, S. 36f.

[2] Über soziale Dauer als Machtquelle vgl. Elias/Scotson 1990.

Literatur

Elias, Norbert, John L. Scotson 1990: Etablierte und Außenseiter. Frankfurt/M.: Suhrkamp.

Gouldner, Alvin W., E. R. Newcomb 1968: Eine Untersuchung über administrative Rollen. In: Renate Mayntz (Hg.): Bürokratische Organisation. Köln-Berlin: Kiepenheuer & Witsch, S. 239-248.

Popitz, Heinrich, 1968: Prozesse der Machtbildung. Tübingen: Mohr.

Scott, W. Richard, 1986: Grundlagen der Organisationtheorie. Frankfurt/M.-New York: Campus.

Die Kunst der Intrige

»Beim Liquidieren seiner Feinde, die anfangs Pagen und Diener waren, dann Edelmänner, die ihn für ihresgleichen hielten, hatte er sich zur Regel gemacht, immer seitwärts zu blicken und nie nach vorn. Der Umsichtige kämpft mit gut einstudierten Kniffen und Winkelzügen und handelt nie in der vorausgesehenen Weise. Wenn er zu einer Bewegung ansetzte, tat er es nur, um zu täuschen, wenn er gewandt eine Geste in die Luft zeichnete, operierte er anschließend in einer unvermuteten Weise, immer darauf bedacht, die gezeigte Absicht zu dementieren. Er griff nie an, wenn der Gegner im Vollbesitz seiner Kräfte war (dann bezeugte er ihm vielmehr Freundschaft und Achtung), sondern nur, wenn der andere sich wehrlos zeigte, und dann brachte er ihn zu Fall mit der Miene dessen, der zu Hilfe eilt.«

Was Umberto Eco in seinem Roman *Die Insel des vorigen Tages* als schwarze Seele Ferrantes, des bösen Alter Ego seines Helden Roberto de La Grive, beschreibt, ist etwas nur allzu Bekanntes: die Machtstrategie kalkulierter Unberechenbarkeit, das Prinzip Verschlagenheit. Ein Kämpfen und Vorwärtskommen mit verdecktem Visier, voller Heimtücke und hinterhältiger Winkelzüge, ohne Skrupel. Es ist das Portrait eines Machtmenschen, der nur seinen persönlichen Vorteil kennt und dem alle anderen ausschließlich Mittel und gefügige Instrumente sind, um seine Ziele zu erreichen. Mit einem Wort: Intriganz.

Beobachten wir uns selbst: Sofort stellen sich negative Affekte, Verachtung und Ablehnung, ein. Intriganten sind nicht eben wohlgelitten. Niemand mag sie. Sie werden sozial isoliert, manchmal offen an den Pranger gestellt. In ihrer Abscheu gegenüber der Intrige sind sich alle einig. So viel Gleichklang und Übereinstimmung muss stutzig machen.

In merkwürdigem Gegensatz zur einhelligen Verdammung der Intrige steht ihre außerordentliche Verbreitung. Nichts ist normaler als das alltägliche Stricken an Netzwerken von größeren oder kleineren Intrigen, in Nachbarschaft und Verwandtschaft, Freundeskreis oder Büro. Freilich gilt: Man selbst ist nicht beteiligt und eine Intrige war es immer erst im Nachhinein. Erst wenn es ein Opfer gibt, jemand ausgebootet oder zur Strecke gebracht wurde, wird die Frage nach dem Schuldigen virulent: »Jemand mußte Josef K. verleumdet haben, denn ohne daß er etwas Böses getan hätte, wurde er eines Morgens verhaftet«, heißt es im ersten Satz von Franz Kafkas *Der Prozeß*. Wo einem Unheil widerfährt, muss es Ursachen und Verursacher, bösen Willen und Heimtücke, eben: Täter geben, am besten jemand, der die Situation von langer Hand eingefädelt hat. So wird das Widerfahrnis in menschliche Handlungen rückübersetzt und in handlichen moralischen Kategorien erklärbar. Auf der Kontrastfolie der abgründigen Durchtriebenheit des Intriganten erscheint das Opfer in seiner ganzen Unschuld und Arglosigkeit, das sich des Mitgefühls aller guten Menschen sicher sein kann.

Natürlich ist das Bild meist falsch. Häufig sind die Opfer von Intrigen nur diejenigen Intriganten, die am Ende verloren haben. Was eine Intrige ist und was nicht, ist stets eine Frage von Definitions- und Etikettierungsprozessen von Handlungen und Personen - und damit selbst Schachzug und Waffe im strategischen Machtspiel. Dennoch müssen gewisse Bedingungen und Merkmale erfüllt sein, damit ein Handeln erfolgreich als Intrigieren, eine Beziehungskonstellation als Intrige bezeichnet werden kann.

Intrigen können verschiedene Formen annehmen. Sie haben stets eine mehrstellige Struktur, die mindestens drei Akteure umfasst. A verbündet sich heimlich mit B gegen

C. Gemeinsam wollen sie ihm eine Falle stellen, ihn zu Fall bringen. Im *Komplott* bewegen sich die Partner in zwei sorgsam separierten Handlungszonen: Nach außen hin, gegenüber C und allen anderen, agieren sie getrennt und selbständig, ja mitunter scheinbar gegeneinander, um keinen Argwohn zu erwecken. Nach innen, im abgeschirmten Binnenverhältnis des Bündnisses, stimmen sie sich strategisch ab und verlieren ihr Ziel keinen Moment aus den Augen.

C ahnt nichts von der Verbindung. Er wähnt sich im Verhältnis zu A und B in zwei unabhängigen Beziehungen, aber er käme nie auf den Gedanken einer Verschwörung gegen ihn. Eine andere Variante besteht in der verdeckten Gleichzeitigkeit zweier Bündnisse, die sich ausschließen, im *verräterischen Doppelbündnis*: A verbündet sich mit B und zugleich hinter dessen Rücken mit C, so dass er beide Komplizen gegeneinander ausspielen kann. Allerdings sind die Positionen häufig hochvariabel und austauschbar. Verbünden sich nämlich nun auch noch B und C heimlich gegen A, so intrigiert in dieser Konstellation jeder gegen jeden. Alle halten sich ihre endgültigen Optionen so lange wie möglich offen, die Intrigen neutralisieren sich wechselseitig, bis sich am Ende ein dominantes Bündnis durchsetzt und einer der drei zu Fall kommt.

Das heimliche Doppelbündnis verweist auf einen Punkt, der auch schon bei der Verschwörung eine Rolle spielt: die asymmetrische Verteilung der sozialen Initiative und Konzentration der intriganten Energie auf *eine* Person, die als treibende Kraft hinter allem steht. Dies wird noch deutlicher an der dritten Form, der klassischen *Zentrums-Intrige*, bei der es keine Absprachen, sondern nur einen Einzelnen im Mittelpunkt des Geschehens gibt, der wie eine Spinne die Fäden zieht, in denen sich die anderen verfangen. Hier benutzt A B ohne dessen Wissen, um C zur Strecke zu bringen. Das ist die Intrige als reine soziale Form: Der Intrigant bedient sich eines ahnungslosen Vollstreckers, um einen Dritten zum Opfer zu machen. Das berühmteste Beispiel ist die Figur des Jago in Shakespeares *Othello*: Mit traumwandlerischem Gespür spielt er alle Beteiligten so geschickt gegeneinander aus, dass sie in gutem Glauben und ohne jede böse Absicht seine Pläne exekutieren.

Wesentlich für Intrigen ist das Nichtwissen um ihre Existenz. Nur wo keine Intrige vermutet wird, Opfer und Umgebung ahnungslos sind, kann man erfolgreich intrigieren. Die Fäden, die man zieht, müssen unsichtbar sein. Ja mehr noch: Im Unsichtbarmachen der Fäden, der aufwendigen Abschirmung der Kommunikationskanäle und Verbindungen, liegt oft eine Hauptarbeit des Intriganten, die zudem außerordentlich risikoreich ist. Denn ebenso wie manche Verbrecher erwischt werden, wenn sie Spuren verwischen, die sie gar nicht hinterlassen haben, ist auch der Intrigant nicht davor gefeit, mit seinen Verdeckungsaktivitäten erst jenen Verdacht zu erzeugen, der sein Vorhaben gefährdet. Deshalb muss er das Verdecken verdecken, die Heimlichkeit verheimlichen. Er muss unauffällig agieren, aber jeden Eindruck von Tarnung vermeiden.

Argwöhnisch darauf zu achten, dass man keinen Argwohn erweckt, ist überaus schwierig und anstrengend. Es geht nämlich nicht nur darum, vor den anderen diejenigen Motive und Handlungen zu verbergen, die unmittelbar zur Intrige gehören, sondern darüber hinaus dafür zu sorgen, dass nicht vielleicht andere alltägliche Aktivitäten und Beziehungen in einer Weise fehlinterpretiert werden, die einen Verdacht aufkommen lassen. Nicht nur wo er intrigiert, sondern auch wo er nicht intrigiert, muss sich der Intrigant vorsehen und ständig auf der Hut sein. Schlafen darf er nie. Er muss mögliche Schwierigkeiten, Zufälle und Missverständnisse wittern und alles Geschehen daraufhin durchleuchten, ob es seine Pläne durchkreuzen könnte.

Nichts zeigt diese Belastung der Daueraufmerksamkeit deutlicher als der Umgang mit der Wahrheit. »Wer lügt, muss ein gutes Gedächtnis haben«, lautet eine alte Bauernweisheit. Und in der Tat: Wir sagen ja häufig nicht etwa deshalb routinemäßig die Wahrheit, weil wir sie so sehr lieben oder besonders aufrichtig sind, sondern weil es uns einfach zu kompliziert ist, uns jeweils merken zu müssen, wem wir welche Geschichte aufgetischt haben. Die Lüge ist uns zu anstrengend, sie fordert zu viel Improvisation und Geistesgegenwart, alles Strapazen, die der Intrigant auf sich nehmen muss.

Machtwachheit und Geheimhaltung sind die beiden Pole, zwischen denen der Intrigant sich bewegt. Er muss seine Absichten verbergen und sich im Hintergrund halten, gleichzeitig aber auch selbst initiativ werden, um die anderen auf das Gleis zu setzen, das er für sie vorgesehen hat. Dazu bedarf es einer bestimmten Art von Beziehungswissen: Mehr als jeder andere in der Figuration muss sich der Intrigant in den Verbindungen und Beziehungen aller Akteure auskennen, er muss wissen, was sie wissen und wieviel sie wissen, und vor allem, was sie nicht wissen oder nicht wissen können. Mit sicherem Instinkt muss er sich einfühlen in ihre Ängste, Wünsche und Hoffnungen, um auch die latenten Entwicklungschancen, die möglichen oder wahrscheinlichen Fortgänge der Geschichte, herauszufinden und für seine Zwecke nutzen zu können.

Als böser Psychologe lebt der Intrigant von der Gutgläubigkeit seiner Umgebung. Die anderen müssen ihr Wissen preisgeben, damit sein Wissen um ihr Wissen eine Machtquelle werden kann. Deshalb giert er stets nach Informationen und Neuigkeiten, darf aber andererseits nicht allzu neugierig sein, um kein Misstrauen zu erregen. Die übliche Lösung dieses Dilemmas liegt in der unauffälligen Postierung neben einem geselligen Zentrum und Drehpunkt der Kommunikation: Man schließt sich dezent einem Klatschmaul oder einer Betriebsnudel an, die einem die Informationen, die man benötigt, frei Haus liefert. So erfährt man brühwarm fast alles und bleibt doch aus der Schusslinie.

Hier verbindet sich die Intrige mit anderen Arten der Informationsmacht. Sie macht sich Klatsch und Gerücht zunutze und stößt sie ihrerseits an, um ihr Ziel zu erreichen. Der Intrigant braucht nicht nur Informationen, er erzeugt sie auch. Eine geschickt lancierte Seitenbemerkung, ein vielsagender Blick, zufällig herumliegende Gegenstände, die dort nicht hingehören – und schon ist die Klatschmühle in Gang. Dabei bildet sich die Information erst im Kopf dessen, der sie weitergibt. Und es ist vor allem diese Verkettung von Informationen, die für alle Beteiligten nach und nach eine neue kompakte Wirklichkeit schafft.

Von der strategischen Raffinesse der Intrige unterscheidet sich der Klatsch durch seine Gedankenlosigkeit. Intrigen werden gemacht und geplant, Klatsch geschieht. Er ist Teil jenes alltäglichen Netzes von Kommunikationen, in dem sich Gruppen, Kulturen und Organisationen ihrer Werte und Wirklichkeiten versichern und ihre Zusammengehörigkeit pflegen. Während der Klatsch kognitive und moralische Übereinstimmung anstrebt, beruht die Intrige auf einer fundamentalen Trennung und Distanz. Sie kennt keine normale Intimität, Vertrautheit und Vertraulichkeit sind ihr ausschließlich Mittel zum Zweck. Hierin liegt ein soziales und psychisches Grundproblem des Intriganten: Er sucht die Nähe der anderen und entbehrt doch der Freuden der Gemeinschaft.

Entschädigt wird er dafür durch das Hochgefühl seiner Macht, die Lust am Verrat. Er hintergeht diejenigen, die ihm vertrauen, und nur er weiß um dieses Hintergehen. Dennoch ist er kein Verräter im eigentlichen Sinn. Der Verräter wechselt die Seiten und damit, im Fremdbild der anderen, seine Identität. Er verrät ein Geheimnis, an dem die Gegenseite interessiert ist. Deshalb steht er nach dem Verrat oftmals mit leeren Händen da und ist auf die Gnade seiner neuen Gönner angewiesen: Informationen, die andere brauchen, sind nur solange ein Machtmittel, wie sie sie noch nicht haben. Der Intrigant hingegen will bleiben, wer er ist, und er behält sein Geheimnis für sich. Auch nach dem Erfolg darf die Intrige nicht auffliegen, sollen seine Stellung und sein Ansehen im sozialen Kreis unangetastet sein. Daher die häufigen Krokodilstränen, das öffentliche Bekunden des Mitgefühls für das Opfer, das man soeben zur Strecke gebracht hat.

Anders als beim Verrat ist die Machtressource der Information für den Intriganten lediglich *ein* Element des strategischen Kalküls. Wie das Wissen genutzt und in Macht übersetzt wird, ist keineswegs vorgezeichnet. Man muss alles wissen und trotzdem flexibel sein. Kennzeichnend für Intrigen ist, dass die Akteure versuchen, sich ihre Alternativen so lange wie möglich offen zu halten und einseitige Festlegungen zu vermeiden. Dies zeigt sich noch deutlicher im Vergleich zur Denunziation. Die Denunziation ist von brutaler Einfachheit: A denunziert B beim Machthaber C, der B exekutiert. Die Anzeige von A ist Anstoß und Auslöser einer Repressionskette, an der er selbst nicht weiter beteiligt ist: Die Blutarbeit übernimmt der Apparat. Was auch immer die Gründe der Denunziation sein mögen: Karriereneid, persönliche Rachemotive, ideologischer Fanatismus oder einfach nur Wichtigtuerei – stets erlaubt diese Methode auch extrem Mindermächtigen, ihre Interessen durchzusetzen oder ihre Gelüste zu befriedigen. Sie nutzen das steile Machtgefälle zu ihren Gunsten, um mit einer gezielten – wahren oder falschen – Information an die Machthaber ihre Ambitionen zu verwirklichen.

Von solcher Klarheit der Machtverteilung, Konfliktfronten und Interessendefinitionen ist die Situation des Intriganten weit entfernt. Sein Aktionsfeld ist das nur schwach strukturierte Organisationschaos, das Getümmel und Gewusel alltäglicher Statuskämpfe und Rivalitäten zwischen annähernd Gleichen, die jeder für sich ihre Vorteile suchen. Gerade die Unübersichtlichkeit der Figuration eröffnet dem Intriganten die Chance, durch geschickte Informationsmanöver die anderen zu manipulieren. Dabei sind Wachheit und Wendigkeit oberstes Gebot. Während Verrat und Denunziation einmalige Akte sind, ist Intrigenbasteln ein Dauergeschäft. Und während der Verräter und der Denunziant eindeutige Machtrollen umschreiben, zeichnen sich Handeln und Rolle des Intriganten eben dadurch aus, dass er jede Eindeutigkeit vermeidet und von Situation zu Situation in neue und jeweils andere Rollen schlüpft. Der Intrigant ist ein Chamäleon: Alles was er sagt und tut, kann er immer auch anders darstellen und legitimieren, er muss jede Rolle übernehmen und sie sogleich wieder verlassen können. Erfolgreich intrigieren heißt, nicht festgenagelt werden zu können.

Aber der Intrigant ist nicht nur ein Verwandlungskünstler der Macht. Er ist auch Schöpfer, Hersteller einer Wirklichkeit, in der er seine Ziele erreicht. Obwohl er aus der Kulisse agiert, organisiert er einen komplexen sozialen Prozess: Er verknüpft systematisch die Handlungen anderer mit je eigenen Motiven und Perspektiven im Hinblick auf ein konkretes, freilich nur von ihm angezieltes Ergebnis. Organisieren ist eine überaus anspruchsvolle und vielschichtige Tätigkeit. Es bedeutet, in höchst unübersichtlichem Gelände die Übersicht zu behalten und verschiedenste, oft nur wahrscheinliche Ereignisse und Aktivitäten so zu koordinieren, dass ein relatives

Sicherheitsniveau erreicht wird. Um möglichst wenig dem Zufall zu überlassen, muss der Organisator stets mit Zufällen rechnen, darf sich von Überraschungen nicht überraschen lassen. Er gibt klare Orientierungen vor und gewinnt so Vertrauen, Sachkompetenz und Gruppengespür müssen dabei ineinandergreifen. Er hantiert mit Fiktionen: sachlichen und sozialen, solchen, die er vorfindet, und jenen, die er selbst aufrichtet und erzeugt.

Wie Organisieren ist Intrigieren ein Talent. Beides erfordert eine seltene Kombination ganz verschiedener Eigenschaften und Fähigkeiten, eine charakteristische Mischung von Sensibilität und Kaltschnäuzigkeit, Gewissheit und Skepsis, Abwarten-Können und Eingreifen. Doch anders als beim Organisator, der im erfolgreichen Organisieren den gemeinsamen Gruppenerfolg sucht, schließen die Ziele und Zwischenziele des Intriganten den Sinnhorizont der anderen offensiv aus: Weder Opfer noch Helfer noch Vollstrecker dürfen ahnen, was eigentlich gespielt wird. Deshalb ist das Verknüpfen der Handlungen anderer hier stets zugleich ein Entflechten, ein strategisches Trennen von Perspektiven und Interessen, deren zielgerichtete Verschränkung den Akteuren verborgen bleibt. Der Intrigant stiftet Beziehungen und Sinnbezüge, von denen die aufeinander Bezogenen nichts wissen und nichts wissen dürfen. Er kann sie nur deshalb gegeneinander ausspielen, weil er sie trotz aller von ihm inszenierten Verbindungen geschickt zu isolieren versteht.

Intrigieren ist negatives Organisieren und damit harte Arbeit. Die Möglichkeit dazu ist allerdings an bestimmte soziale Bedingungen und Orte geknüpft, die keineswegs allen zugänglich sind. Dies führt zu der allgemeinen Frage, wer es denn eigentlich ist, der als Intrigant in Erscheinung tritt und diese Fähigkeit entwickelt?

Intrigen sind die Domäne der Mittelmächtigen. Wer im System der gestaffelten Macht ganz oben oder ganz unten ist, also entweder unangefochten im Sattel sitzt oder aussichtslos unterlegen ist, für den kommt die Intrige als Mittel zur Durchsetzung seiner Interessen kaum in Betracht: beim einen, weil er sie nicht braucht, beim anderen, weil er sein Los auch dadurch nicht ändern könnte und ihm schon der Zugang zu jenen Machtressourcen versperrt ist, die man für Intrigen benötigt. Ohne Mitgliedschaft oder Position, Verbindungen, exklusives Wissen und Informationen kann keiner eine Intrige starten. Erst eine gewisse Grundausstattung der Macht ermöglicht ein Bewusstsein strategischer Chancen, weckt Ehrgeiz und Machthunger. Dennoch ist für den Intriganten zunächst das Grundgefühl einer klaren strukturellen Unterlegenheit und Benachteiligung maßgebend: eben diese versucht er durch ein Mehr an Engagement, durch Initiative und taktische Raffinesse auszugleichen. Obwohl mittelmächtig sieht er sich eher als Mindermächtigen, ein Zukurzgekommener, der jetzt seine Stunde gekommen sieht. Weil er insgesamt weniger Machtressourcen als andere hat, ist er gezwungen, mit dem, was er hat, sorgsam zu haushalten und seine Talente optimal einzusetzen. Fehlende Amtsmacht kann durch Informationsmonopole kompensiert werden, Gemeinheit und Chuzpe gleichen kurzzeitig materielle Ressourcennachteile aus, Wendigkeit verblüfft und verschafft Tempovorsprünge. Ja mitunter kann sogar das Ausstellen eigenen Leidens in eine Machtquelle verwandelt werden, wenn dadurch Schuldgefühle geschaffen werden, mit denen sich trefflich spielen lässt.

Dies ist eine allgemeine Beobachtung der Machtforschung: Will man die Dummheit, die Selbstgefälligkeit, die Arroganz der Macht untersuchen, so muss man sich an die Machthaber halten. Um aber die Raffinesse, die Durchtriebenheit und Hinterfotzigkeit der Macht zu erforschen, ist es sinnvoll, die Abhängigen und Unterlegenen zu studieren. Es ist vor allem die untere Mitte, die für

Intrigen besonders anfällig ist, wobei die Etage, in der sich das Ganze ereignet, natürlich von Fall zu Fall wechseln kann.

Trotzdem geschieht es nicht selten, dass auch die Spitze intrigiert, im Ränkespiel nicht nur einbezogen ist, sondern es selber antreibt. Der strukturell schwache König kommt nicht umhin, den Adel zu spalten. Vereint könnte dieser ihn jederzeit stürzen. Je instabiler die Herrschaft, umso unerlässlicher das Teilen. Daher die Attraktion der Intrige, deren Kosten der Fürst nicht weiter zu fürchten hat: Weil er sich bei Aufdeckung seiner Machenschaften die üble Nachrede leisten kann, ist das Risiko, das er eingeht, nicht sonderlich hoch. Als ergänzende Strategie der Machterhaltung ist die Intrige so auch für Mächtigere ein probates Mittel, wenngleich ihnen ihre Überlegenheit in der Regel andere Alternativen offenhält.

Für den gierigen Unterlegenen ist sie häufig der einzige Weg. Ausgeschlossen von den oberen Rängen der Positionsmacht greift er auf andere Machtmittel – Beziehungswissen und Informationen – zurück und nutzt sie als indirekte Methoden des Machterwerbs. Er ersetzt formale Herrschaft durch Heimtücke und Manipulation. Indes ist die Gefahr des Scheiterns groß: Fliegt die Intrige auf, ist die Macht des Intriganten erloschen. Hierin liegt die eigentümliche Labilität und Gefährdung dieser Machtmethode: Anders als bei der Amtsmacht, die durch ihren routinemäßigen Gebrauch keineswegs weniger wird, verringert sich Informationsmacht kontinuierlich, wenn brisante Informationen durch ihre Verwendung gestreut, also weniger exklusiv werden.

Ebenso schwinden die Erfolgschancen des verdeckten Organisierens beim Aufkommen eines Verdachts. Wo Heimlichkeit und Getue Argwohn wecken, verschlechtern sich die Arbeitsbedingungen des Intriganten rapide. Er verliert das Vertrauen, das er für seine Umtriebe braucht. Und vollends gescheitert ist er, wenn er schließlich an den Pranger der Öffentlichkeit gestellt wird: Coram publico muss er Rede und Antwort stehen und wird mit jedem Versuch des Herausredens unglaubwürdiger. Plötzlich sind seine Begründungen und Erklärungen nur noch Ausflüchte, die alle Plausibilität eingebüßt haben. Das Prinzip der Öffentlichkeit kontert die Intrige nicht mit der Gegenintrige, sondern setzt auf die Isolierung des Missetäters im moralischen Diskurs.

Das Gegengift zur Intrige ist also Öffentlichkeit. Am besten eine *formale* Öffentlichkeit, etwa eine offizielle Gremiensitzung, in der die Schlupflöcher der Informalität versperrt sind. Wenn die Machenschaften der Hinterbühne unversehens aufs Podium gezerrt und vor aller Augen verhandelt werden, ist das Spiel des Intriganten verloren. Grell angestrahlt ist keine Verwandlung mehr möglich, kann er nur noch versuchen, den Gesichtsverlust in Grenzen zu halten.

Bleibt die leidige Frage einer möglichen Geschlechteraffinität von Macht und Intrige. Hierzu gibt es in letzter Zeit allerlei Feministisches, das ich nicht kenne und mich nicht interessiert. Dabei ist meine sachliche Position entlang der Argumentationslinie *male domination – female power* relativ klar: Gerade der Ausschluss von Frauen von männlich dominierten Herrschaftspositionen zwingt sie zur Perfektionierung indirekter Methoden von Macht und Einfluss, züchtet Machtriecher und Raffinement. Nicht ihre Natur, sondern die Labilität ihrer sozialen Stellung im männlich geprägten Herrschaftsgefüge drängt die Frauen in Richtung Intrige. Dabei mag auch die erhöhte Beziehungssensibilität weiblicher Kommunikation eine gewisse Rolle spielen. Vor allem der heute vorherrschende Typus einer ›feminisierten Verwaltung‹, der durch eine deutliche Überrepräsentanz von Frauen unter den Beschäftigten bei gleichzeitiger Unterrepräsentanz in den oberen Rängen der Hierarchie gekennzeichnet ist, ist eine geradezu klassische Konstellation, ein idealer Nährboden für Intrigen. Überraschend und erklärungsbedürftig wäre es, wenn hier nicht normal intrigiert würde. Kurzum: Ich vermute, dass unabhängig von strukturellen Bedingungen und Merkmalen der Situation Frauen und Männer in etwa gleich viel intrigieren, dass aber, ähnlich wie beim Klatsch, Intriganz bei Frauen in der Wahrnehmung von Männern *und* Frauen eher mit ihrem Geschlecht in Verbindung gebracht wird.

Bei alledem muss man Feststellung und moralisches Urteil auseinanderhalten. Die Verdammung des Intriganten läuft immer Gefahr, moralische Übereindeutigkeiten zu konstruieren. Gewiss, er ist nicht sympathisch, weil er Vertrauen mit Misstrauen, Gemeinschaft mit Egoismus, Aufrichtigkeit mit Heuchelei beantwortet. Er verletzt die Basisnorm des ›Wie du mir, so ich dir‹ und wird dafür verurteilt. Trotzdem bin ich für Gnade und Prüfung des Einzelfalls: Es kann ja manchmal auch gute Gründe für eine Intrige geben, etwa wenn man unfähige oder ideologisch verblendete Amtsinhaber anders nicht loswerden kann. Nicht immer sind Intriganten böse und Opfer arglos und gut. Abscheu und Empörung speisen sich auch aus der Wut über die eigene Leichtgläubigkeit, ja mitunter aus dem Selbstvorwurf, dass man an Skrupellosigkeit und Gerissenheit dem anderen unterlegen war.

Häufig ist der Hass auf den Intriganten einfach der Neid auf seinen Sieg und Erfolg. Ihn für durch und durch böse zu erklären, ist eine Methode, sich selbst ein gutes Gewissen, eine überlegene Moralität zu verschaffen. Zu bedenken ist dabei, dass der ins Absolute gesteigerte Moralismus stets in Gefahr ist, in Brutalität und Gewalt umzuschlagen, wenn er auf Widerstände und Hindernisse trifft. Intrigen haben meistens nur ein Opfer, die moralische Meute produziert Opfer am laufenden Band. Wo immer soziale Pranger errichtet werden, ist es wichtig, auf den Tonfall zu achten. Hierin scheint mir am Ende ein Vorzug des Intriganten zu liegen: dass er, weil er nur seinen Vorteil und nicht das Heil anstrebt, jedenfalls kein Radikaler, kein Kreuzzügler ist.

Vom Misstrauen

»Vertrauen ist der Anfang von allem.« Der Slogan der Deutschen Bank war geschäftlich und beim Publikum offenbar erfolgreich, was ja nicht unbedingt heißen muss, dass die Aussage falsch ist. Unterlegt war der Werbespot mit Szenen des Kleinkinds, das im Erkunden und Begreifen seiner Umgebung elementares Weltvertrauen entwickelt, danach ein strahlendes Paar, das sich unter allgemeinem Jubel das Jawort gibt, und schließlich das Kompetenzgehabe des Beraters, der dem Kunden die maßgeschneiderte Vermögensstrategie offeriert. Und spätestens hier melden sich Zweifel, ob das, was in den verschiedenen Verhältnissen und Situationen als Grundgewissheit konstitutiv ist, tatsächlich auf *einen* Begriff zu bringen ist.

Vertrauen und Misstrauen

Man könnte ja auch umgekehrt sagen: Am Anfang aller sozialen Ordnung steht das Misstrauen. Und zwar aus guten Gründen. Der wichtigste: die Gewalt, die jederzeit aktivierbare menschliche Möglichkeit, andere zu verletzen und zu töten. Menschen können sich, aus welchen Beweggründen und Motiven auch immer, gegenseitig umbringen, und sie müssen sich dagegen schützen. Im Hobbesschen Naturzustand bedroht jeder jeden und baut ausschließlich auf seine eigenen Ressourcen der Gegenwehr.
Die erste Ressource ist die natürliche Gruppe, der man angehört. Dem Misstrauen gegenüber dem Fremden korrespondiert das fraglose Vertrauen in die Gemeinschaft von Herkunft und Ort. Geborgen im Wir weiß man, wer man ist, und behauptet sich gegen die anderen. Dennoch bleibt auch in dieser Situation der Primat des Misstrauens

und der kriegerischen Auseinandersetzung, nun als Konflikt der feindseligen Gruppen und Stämme, ungebrochen. Erst wenn die Menschen sich darüber verständigen, die Waffen an einen übermächtigen Souverän abzugeben, der von seinem Gewaltmonopol nur nach übergeordneten Ordnungsprinzipien von Friedenssicherung nach innen und Verteidigung nach außen Gebrauch zu machen verspricht, wird der Prozess der modernen Gesellschaft als fortschreitende Ausdifferenzierung von Teilsystemen möglich.

Deshalb stellt sich für die Soziologie das Problem des Vertrauens, neben der analytischen Separierung und Diskussion der unterschiedlichen Varianten von Vertrauen, vor allem als Funktionsproblem der modernen Gesellschaft (vgl. Luhmann 1989; Hartmann/Offe 2001). Wie können grundsätzlich Fremde in immer komplexeren und kognitiv anspruchsvolleren Interaktionszusammenhängen so miteinander kooperieren, dass sie, ohne einander zu kennen und sich als Personen zu vertrauen, gleichzeitig eine stabile soziale Ordnung konstituieren, die ihnen Verlässlichkeit und Berechenbarkeit garantiert und der sie sich Tag für Tag aufs Neue in ihren eingeschliffenen Routinen und Gewohnheiten anvertrauen?

Niklas Luhmanns allgemeine Antwort auf diese Frage ist die Mechanik der Reduktion von Komplexität durch generalisiertes Vertrauen. Er nennt das Beispiel des Straßenverkehrs: Wenn ich darauf vertraue, dass viele andere, die ich nur situativ wahrnehme und von deren Handeln ich zugleich risikoreich abhängig bin, sich ebenfalls wie ich (meistens) an die Verkehrsregeln halten, kann ich meine Ziele – zügiges Fahren zu einem bestimmten Ort ohne Sach- oder Personenschaden – ungleich rationeller und problemloser verwirklichen, als wenn ich in jedem Augenblick misstrauisch abwägen müsste, was der andere wohl tut. Indem wir beide darauf vertrauen, dass auch der andere sich an die Regeln hält und somit der Geltung des Regelsystems insgesamt vertrauen, reduzieren wir die unüberschaubare Komplexität des Geschehens und erzielen beide eine relativ hohe Wahrscheinlichkeit, die individuellen Handlungsziele ohne größere Verluste zu realisieren. Mit anderen Worten: Wir vertrauen in Konstellationen, in denen *beide* einen Gewinn und Vorteil davon haben.

Ein anderes Beispiel ist das Geld. Jeder, der etwas kauft oder verkauft, vertraut darauf, dass die auf dem Geldschein aufgedruckten Wertangaben Gültigkeit haben und er so bei ökonomischen Transaktionen mit beliebigen anderen fungibel eingesetzt werden kann. Märkte funktionieren nur unter dieser Voraussetzung. Deshalb muss der Staat dafür sorgen, dass Falschgeld die seltene Ausnahme bleibt und die Inflationsrate strikt unter Kontrolle gehalten wird.

Wichtig ist, dass in diesen Beziehungen stets Rollen und Funktionen im Vordergrund stehen und von personalen Qualitäten weitgehend abstrahiert wird. Das generalisierte Systemvertrauen beruht auf der Unterstellung, dass man sich im sozialen Austausch mit Unbekannten letztlich nicht auf Menschen, sondern nur auf Strukturen und Interessen verlassen kann.

Außerdem zeigt sich, dass Vertrauen etwas ist, das für uns normalerweise gerade kein Thema ist. Wir überlegen uns ja nicht, ob der Geldschein das, was auf ihm draufsteht, auch tatsächlich wert ist, sondern geben ihn einfach aus. Solange wir wirklich vertrauen, fragen wir nicht danach. Erst wenn wir bereits zweifeln, wird es für uns zum Problem.

Misstrauen nun unterliegt anderen Gesetzmäßigkeiten. Während wir oftmals ›vergessen‹, dass wir vertrauen, vergessen wir unser Misstrauen nie. Es ist nicht nur präsent, sondern überpräsent. Vertrauen will gewinnen, Misstrauen Verluste vermeiden. Auch der Vertrauende weiß um das Risiko der Enttäuschung, aber er ist nicht, wie der Misstrauische, vor allem von Angst beherrscht. Sowohl das Vertrauen als auch das Misstrauen sind im aktuellen Erleben stets auf Handlungen und Ereignisse in der Zukunft gerichtet, das Misstrauen jedoch trägt zusätzlich schwer an der lebenslangen, häufig traumatischen Vergangenheit. Es ist ein Immer-schon-Überschattetsein der Erwartung durch die schlechte Erfahrung. Weil man andere zu sehr als unaufrichtig und böse erlebt hat, kann man an gute Ausgänge grundsätzlich nicht mehr glauben.

Zu illustrieren ist dies etwa an den geschlechtsspezifischen Differenzen interpersonellen Vertrauens und Misstrauens. So hat die französische Psychoanalytikerin Christiane Olivier (1987) die unterschiedlichen Urängste von Männern und Frauen auf verschiedene Verlaufsformen und Erlebnisweisen der ödipalen Konstellation zurückgeführt. Während der kleine Junge die Hinwendung und nachfolgende Abwendung der Mutter als elementaren ›Verrat‹ erlebt, ist das Grundproblem des Mädchens, dass eine vergleichbar bedingungslose Hinwendung des Vaters gar nicht erfolgt. Die Grundangst der Männer gegenüber den Frauen sei daher die Angst vor Verrat, weshalb sie sich in ihrem späteren Leben häufig in Gegenwart von Männern am wohlsten fühlten: Wenn keine Frauen da sind, können sie einen auch nicht verraten. Für die Frauen hingegen gelte die analoge Befürchtung, nicht wirklich geliebt zu werden, weshalb sie später immer wieder Liebesbeweise einforderten und sich oftmals in solchen Situationen am wohlsten fühlten, in denen sie die Blicke der Männer auf sich spürten, sich also ihres Begehrtwerdens sicher seien. (Dies ist übrigens eine einfache Erklärung dafür, warum die allermeisten Männer jedwede Anzeichen von Emanzenhaftigkeit – nicht zu verwechseln mit Selbständigkeit und Stärke, Emanzipiertheit also – sofort mit Abwesenheit beantworten. Männer haben ohnehin große

Schwierigkeiten, zu Frauen Vertrauen zu fassen – wer aber einer Emanze vertraute, müsste verrückt sein.)

Mischverhältnisse

Was wir begrifflich trennen, ist im Leben meistens vermischt. Vertrauen und Misstrauen sind empirisch nur selten völlig geschieden und weisen auch dann stets verschiedene Ausprägungen und Intensitätsgrade auf. Nicht das Entweder-Oder, sondern ein Mehr-oder-Weniger charakterisiert im Normalfall das Verhältnis. Vertrauen und Misstrauen sind wandelbare, schwankende und entwicklungsabhängige Beziehungsqualitäten, die wesentlich dadurch gekennzeichnet sind, dass wir um diese Wandelbarkeit wissen. Vertrauen ›keimt auf‹, es ist etwas, das sich bildet und weiterwächst oder wieder vermindert, unser Vertrauen ›überwiegt‹ das Misstrauen oder umgekehrt.

Deshalb kann man Vertrauen und Misstrauen auch übertreiben. Blindes Vertrauen schadet ebenso wie überzogenes Misstrauen. Ob unser Vertrauen sich ›auszahlt‹ und vom anderen honoriert wird, ob unser Misstrauen berechtigt ist oder wir uns damit am Ende ins eigene Fleisch schneiden und mögliche Gewinne verspielen, ist stets eine empirische Frage. Ja häufig sind wir selbst keineswegs sicher, ob wir wirklich vertrauen oder es uns vielleicht nur einzureden versuchen.

Dennoch wünschen wir natürlich klare Verhältnisse und stellen diese Klarheit auch her. Von einem bestimmten Punkt der Entwicklung an entschließen wir uns gleichsam, jemandem zu vertrauen. Wenn es jedoch schiefgeht und wir uns irgendwann eingestehen müssen, uns geirrt zu haben, fällt die Verdammung, oft auch aus Wut über die eigene Leichtgläubigkeit, umso härter aus. Wichtig ist hier vor allem der unterschiedliche Zeitduktus der Prozesse: Vertrauen wächst langsam und wird nur mühsam aufgebaut, wird es jedoch enttäuscht, schlägt es abrupt in Misstrauen um. Und ist das Vertrauen erst einmal zerstört, so kann es, wie jeder weiß, in der Regel kaum restituiert werden.

Vertrauen und Misstrauen können also in empirischen Beziehungen und Figurationen vielfältig miteinander verschränkt sein. Luhmann wirft in diesem Zusammenhang die Frage nach dem »Vertrauen in Vertrauen« auf. Und:

»Sieht man schärfer hin, dann lassen sich mehrere verschiedene Formen des Vertrauens in Vertrauen unterscheiden, je nachdem, in welches Vertrauen man Vertrauen setzt. Der einzelne kann einmal seinem eigenen Vertrauen vertrauen, so wie er auch seine Gefühle fühlen oder über sein Denken nachdenken kann; er kann ferner darauf vertrauen, daß andere ihm vertrauen, und schließlich darauf, daß andere in gleicher Weise wie er Dritten vertrauen. Je nachdem, welche Form gewählt wird, differieren Anwendungsmöglichkeiten, Risiken und Folgeprobleme.« (Luhmann 1989, S. 76f.)

Mehr noch: Nimmt man diesen Gedanken auf und ergänzt ihn durch die Zusatzannahme, dass in all diesen Relationen nicht nur Vertrauen, sondern auch Misstrauen die Oberhand haben kann, so ergeben sich formal vier Kombinationsmöglichkeiten, die jeweils im Einzelnen aufgeschlüsselt und wissenssoziologisch untersucht werden könnten: Vertrauen in Vertrauen, Misstrauen in Vertrauen, Vertrauen in Misstrauen und Misstrauen in Misstrauen.

Die Überlegung zeigt, dass Vertrauen und Misstrauen nicht nur in unterschiedlichen Mischungen und Dosierungen koexistieren und jeweils einander ablösen können. Sie können darüber hinaus auch in *einem* Handeln in spezifischer Weise legiert sein, das in seinen Erfolgsbedingungen gerade durch die Nicht-Entmischung der beiden

Orientierungen charakterisiert ist. Ein Beispiel ist das Organisieren (vgl. Weick 1985). Der versierte Organisator baut auf seine Erfahrung und misstraut ihr zugleich. Er ist jemand, der auf die Wirksamkeit seiner Rezepte, die sich bei diffizilen Problemen in der Vergangenheit bewährt haben, einerseits weiter vertraut und sich umgekehrt nicht aus der Bahn werfen lässt, wenn sie aktuell nicht greifen. Er darf sich von Überraschungen nicht überraschen lassen, verlässt sich auf sein Können und das der anderen und bleibt trotzdem skeptisch. Sein Selbstvertrauen ist so stark, dass es sich Zweifel und Fehlschläge leisten kann.

Jede Situation ist verschieden. Der erfolgreiche Organisator nimmt die Wirklichkeit, wie sie ist, und behandelt sie gleichzeitig als etwas, das immer auch anders sein könnte. Das heißt: Er changiert unablässig zwischen Vertrauen und Misstrauen (in die eigenen Fähigkeiten, die Relevanzen und Motive der Mitarbeiter, die Konstanz der Bedingungen usw.) und hantiert virtuos mit Fiktionen, um für alle Beteiligten ein ›tragfähiges Sicherheitsniveau‹ herzustellen.

Kooperation und Dissoziation

Im Merkmal der Gradualität von Vertrauen und Misstrauen ist die Frage versteckt, wie denn zwischen ursprünglich Fremden über bloß punktuelle Interaktionen und Kontakte hinaus stabile und persönlich belastbare Vertrauensbeziehungen aufgebaut werden können, wie Vertrauen sich also entwickeln und fortentwickeln kann. Die einfache Antwort darauf lautet: Vertrauen wächst, wenn es mit Vertrauen beantwortet wird, das zu weiterem Vertrauen ermuntert.

Dieses Prinzip TIT FOR TAT (Wie du mir, so ich dir) hat Robert Axelrod (1987) als Grundgesetz erfolgreicher Kooperationen formuliert. Danach ist in Kooperationsspielen auf lange Sicht diejenige Strategie am besten, bei der man selbst in Vorleistung tritt und dem anderen einen gewissen Vertrauenskredit gewährt – und bei allen nachfolgenden Zügen so reagiert, wie der andere reagiert hat. Wenn er meinen Einsatz und das ihm entgegengebrachte Vertrauen durch eine entsprechende Gegenleistung honoriert, so bestärkt mich dies in meiner Bereitschaft, die Zusammenarbeit fortzusetzen. Umgekehrt breche ich den Versuch sofort ab, wenn er mich enttäuscht. Da aber mit der erbrachten Gegenleistung auch seine Investitionen steigen, hat auch er ebenso wie ich fortan ein gesteigertes Interesse daran, die bereits getätigten Investitionen nicht zu entwerten. Der gemeinsame Erfolg ist der stärkste Beweis für die Vorteile des Vertrauens.

Dennoch macht man sich natürlich abhängig. Wo immer wir einem anderen vertrauen, vertrauen wir uns ihm gleichzeitig an und binden unsere Zukunft an seine Reaktion. Misstrauen dagegen bewahrt die Freiheit der Selbständigkeit, dies freilich um den Preis der Gemeinsamkeit. Wo keine Zusammenarbeit zustande kommt, kann sie auch nicht scheitern. Das Misstrauen erspart nicht nur das Risiko der Enttäuschung, sondern bereits die Kosten des Überlegenmüssens, ob man dem anderen vertrauen kann. Auch Misstrauen reduziert Komplexität: Weil wir immer schon zu wissen glauben, was wir vom anderen zu erwarten haben – nichts Gutes nämlich –, legen wir uns und ihn eindeutig fest und schaffen durch solche Vorwegfestlegung kognitiv Ordnung und Sicherheit.

Zugleich sind die Nachteile solcher Vereinfachung unübersehbar. Misstrauen isoliert. Der Misstrauische kapselt sich ab und nimmt seine Umwelt nur noch in denjenigen Aspekten wahr, die seine Haltung bestätigen. Hierin liegt ein zentraler Unterschied zum Vertrauen: Während Vertrauen bestätigt oder enttäuscht werden kann, kann das Misstrauen im Grunde immer nur bestätigt werden. Es bringt nämlich selber diejenigen Reaktionen hervor, die es für seine Bestätigung braucht. Erving Goffman (1972, S. 43f.) hat diesen Mechanismus in seiner Analyse totaler Institutionen als ›Looping‹-Effekt beschrieben: Jemand provoziert beim Insassen eine Abwehrreaktion und richtet den nächsten Angriff dann gerade gegen diese Reaktion. Ähnlich funktioniert die Situation des Verdachts: Wer sich unter Verdacht weiß, verhält sich eben darum verdächtig. Und macht sich mit jedem Versuch, den Verdacht zu entkräften, für den anderen nur noch verdächtiger.

Der Misstrauische verspielt also nicht nur die Gewinne, die eine Zusammenarbeit womöglich eingebracht hätte, sondern meidet am Ende jeden Kontakt. Um keinesfalls enttäuscht zu werden, bleibt er allein. Das Ergebnis ist eine kaum mehr zu stoppende Mechanik forcierter Dissoziation: Wo jeder jeden beargwöhnt, schrumpft das soziale Leben auf einen Kernbestand sachlich neutraler, allenfalls sporadischer Beziehungen und Verbindungen. Das Misstrauen weitet sich aus und befördert die ohnehin stattfindende Individualisierung, radikalisiert sie zugleich als Vereinzelung und Vereinsamung. Es zersetzt und zerstört die Grundlage sowohl des individuellen Glücks als auch des gesellschaftlichen Zusammenhalts und hinterlässt Millionen von Menschen, die von nichts und niemandem mehr etwas wissen wollen. Sie wenden sich von der Gesellschaft ab und halten sich nur noch an das, was ihnen nicht widersprechen kann.

Militante Berliner Kleingärtner plakatierten einmal: »Bruder Mensch hat uns schon oft enttäuscht, Bruder Baum noch nie!«

Die Spirale des Argwohns

Looping-Prozesse eskalierenden Misstrauens lassen sich heute fast überall registrieren. Kaum ein Gesellschaftsbereich ist davon ausgespart. Besonders anschaulich und folgenreich sind sie jedoch vor allem in zwei Handlungsfeldern, dem der Geschlechterbeziehungen und dem der Entwicklung der Politik.

Die desaströsen Auswirkungen des feministischen Macht- und Gewaltdiskurses auf die gegenwärtigen Geschlechterverhältnisse habe ich an anderer Stelle beschrieben (Paris 2003); dies braucht hier nicht wiederholt zu werden. Ergänzend nur so viel: Es macht einen großen Unterschied, ob Misstrauen Resultat privater Enttäuschungen oder öffentlicher Daueragitation ist. Denn alle Ideologie verallgemeinert; die öffentliche Stigmatisierung lenkt unsere Typisierungen und zwingt jede Einzelwahrnehmung ins vorgegebene Raster. Der Verdacht schürt die Aggression, und die Aggression den Verdacht. Damit wird alle Selbstverständlichkeit, alles Spielerische im Umgang getilgt, es fehlt einfach der Raum des ›naiven‹, immer auch etwas leichtgläubigen Experimentierens, in dem sich tastendes Vertrauen entwickeln und stabilisieren könnte.

Die Folgen sind ebenso weitreichend wie offensichtlich. Wenn Frauen und Männer nicht mehr zusammenfinden und jeder Bindung misstrauen, gibt es nun einmal keine Kinder. Gegen die elementare Zerstörung von Geschlechtervertrauen kann keine Familienpolitik ankommen.

Ähnlichen Erosionen unterliegen die Verhältnisse der Politik. Die Staatsform der parlamentarischen Demokratie setzt eine eigentümliche Mischung von personalem Repräsentantenvertrauen und generalisiertem Systemvertrauen voraus. Obwohl sich der Bürger primär auf die

Rationalität und Tragfähigkeit institutionalisierter Regeln und Verfahren verlässt, kann das System ohne die allgemeine Autoritätsgeltung und Glaubwürdigkeit der gewählten Vertreter nicht funktionieren.

Wird diese Voraussetzung nun – wie in den ehemaligen kommunistischen Ländern und anderen ›Gesellschaften des öffentlichen Misstrauens‹ (vgl. Sztompka 1995; Giordano 2003), in den letzten Jahrzehnten zunehmend aber auch in vielen westlichen Gesellschaften – aggressiv und kontinuierlich bestritten, so ändern sich damit die Funktionsbedingungen und Steuerungsmöglichkeiten des politischen Systems grundlegend: Wo öffentlichen Funktionsträgern und Inhabern staatlicher Macht eine internalisierte und durch wirksame rechtliche Kontrollmechanismen abgestützte Orientierung am Gemeinwohl generell abgesprochen wird, ist es nur sinnvoll und rational, wenn jedermann die Wahrung seiner elementaren Interessen und Bedürfnisse in verlässlichen und überschaubaren Strukturen persönlicher Beziehungen und – oftmals illegaler – informeller Netzwerke sucht. Wenn ›die da oben‹ sowieso nur in die eigene Tasche wirtschaften (»Diäten!«) und man ihnen grundsätzlich und irreversibel misstraut, muss jeder auf eigene Faust seine Schäfchen ins Trockene zu bringen versuchen.

Das Ergebnis ist ein struktureller Ambivalenzkonflikt: Einerseits akzeptiert man den Staat als institutionellen Grundrahmen und Vorgabe des eigenen Handelns und erwartet von ihm selbstverständliche Ordnungs- und Versorgungsleistungen; gleichzeitig aber verweigert man ihm jeden Vertrauenskredit und hat keinerlei Skrupel, wenn man ihn nach Kräften auszuplündern versucht.

Man kann es in Ostdeutschland oft beobachten: Der frühere Hass auf die ›Bonzen‹ wird einfach auf die heutigen Politiker übertragen. Wo Misstrauen total wird, mündet es nicht selten in Verachtung und Hass. Es gibt Menschen, die wir zutiefst verabscheuen und die für uns einfach nur ein rotes Tuch sind. Die wir so sehr hassen, dass darüber alles andere nebensächlich erscheint. Gewiss: Auch Hassen ist menschlich und nicht selten völlig legitim. Dennoch hat sich der Hass von seinen möglicherweise guten Gründen längst emanzipiert. Er ist kein Affekt (wie Wut oder Zorn), sondern eine Leidenschaft. Während Affekte situative Aufwallungen des Gefühls und somit unüberlegt sind, ist die Leidenschaft stets eine dauerhafte Fixierung, die, so heftig sie auch sein mag, strategische Überlegungen keineswegs ausschließt. Unübertroffen ist diese Differenz von Affekten und Leidenschaften schon in Immanuel Kants *Anthropologie in pragmatischer Hinsicht* (1798) formuliert: »Der Affekt ist wie ein Wasser, was den Damm durchbricht; die Leidenschaft wie ein Strom, der sich in seinem Bette immer tiefer eingräbt.« (Kant 1983, S. 193)

Die Bösartigkeit des Hasses schwächt sich nicht ab, wenn er über längere Zeit unausgelebt bleibt. Hass nährt und erhält sich selbst und ist von erneuter kognitiver Bestätigung vollkommen unabhängig.

Wo die Spirale des Argwohns sich in eine Hassspirale verwandelt, sind die gesellschaftlichen und atmosphärischen Folgen stets dramatisch und kaum mehr zurückzudrehen. Anders als das Misstrauen, das sich mitunter abschwächt, wenn der Misstrauische wiederholt die Erfahrung macht, dass er sich isoliert und am Ende oft selber der Dumme ist, ist der Hass gegen diesen Aspekt der Selbstschädigung blind. Dass er sich selbst ruiniert, wenn er den anderen zerstört, dem Hass ist es egal. Hierin liegt sein eigentliches Zersetzungspotenzial *aller* gesellschaftlichen Bindungen und Beziehungen. Wenn also, was keineswegs auszuschließen ist, vielfältige, heute schon kumulierende Desintegrationen in Zukunft das Misstrauen immer weiter totalisieren und in ein wachsendes Quantum frei flottierender Hassenergien überführen, so werden sich diese Energien – individuell oder kollektiv – ein Ventil suchen und die Dynamik der Destruktion beschleunigen.

Das sind keine erfreulichen Aussichten. Aber was soll man sagen? Wolfgang Sofsky konterte einmal den Vorwurf, er wühle ja immer nur im Schwarzen, mit der Bemerkung, er sei gar kein Pessimist, sondern halte nur den Optimismus für Aberglauben.

Literatur

Axelrod, Robert, 1987: Die Evolution der Kooperation. München: Oldenbourg.

Giordano, Christian, 2003: Beziehungspflege und Schmiermittel. Die Grauzone zwischen Freundschaft, Klientelismus und Korruption in Gesellschaften des öffentlichen Mißtrauens. In: Robert Hettlage (Hg.): Verleugnen, Vertuschen, Verdrehen. Leben in der Lügengesellschaft. Konstanz: UVK, S. 97-120.

Goffman, Erving, 1972: Asyle. Über die soziale Situation psychiatrischer Patienten und anderer Insassen. Frankfurt/M.: Suhrkamp.

Hartmann, Martin, Claus Offe (Hg.) 2001: Vertrauen. Die Grundlage des sozialen Zusammenhalts. Frankfurt/M.-New York: Campus.

Kant, Immanuel, 1983: Anthropologie in pragmatischer Hinsicht (1798). Stuttgart: Reclam.

Luhmann, Niklas, 1989: Vertrauen. Ein Mechanismus der Reduktion sozialer Komplexität. 3. Aufl., Stuttgart: Enke.

Olivier, Christiane, 1987: Jokastes Kinder. Die Psyche der Frau im Schatten der Mutter. Düsseldorf: claassen.

Paris, Rainer, 2003: Doing Gender. In: Merkur Nr. 649, S. 428-433.

Sztompka, Piotr, 1995: Vertrauen: Die fehlende Ressource in der postkommunistischen Gesellschaft. In: Birgitta Nedelmann (Hg.): Politische Institutionen im Wandel. Sonderheft 35 der Kölner Zeitschrift für Soziologie und Sozialpsychologie. Opladen: Westdeutscher Verlag, S. 254-276.

Weick, Karl E., 1985: Der Prozeß des Organisierens. Frankfurt/M.: Suhrkamp.

Der Verlierer

Verlierer gab es schon immer. Der Verlierer ist keine Sozialfigur der Gegenwart, wohl aber scheint die heutige Gesellschaft einer sehr viel größeren Anzahl von Menschen als früher es nahezulegen, ihren Lebensweg und ihr Schicksal in einem solchen Deutungshorizont, also in Kategorien von Sieg und Niederlage oder Gewinn und Verlust, zu verorten. Die Ursache dafür liegt auf der Hand. Es handelt sich um eine einfache Konsequenz der von Peter Gross (1994) so bezeichneten »Multioptionsgesellschaft«: Wo immer Menschen sich bis dato kaum denkbare, scheinbar unbegrenzte Steuerungschancen und Wahlmöglichkeiten eröffnen, müssen sie sich, ob sie wollen oder nicht, auch auf die schlechten Ausgänge und negativen Folgen getroffener oder auferlegter Wahlen einen Reim machen.

Das Weltbild des Verlierers verbindet zwei üblicherweise nicht unterschiedene Referenzsysteme: das Spiel und die Vergleichsrechnung. Verlierer ist, wer in einem Spiel unterlegen ist, und ebenso, wer in einer Situation, in der andere Gewinne erzielen konnten, Verluste erlitten hat. Alles, was Menschen tun oder was ihnen widerfährt, wird hier in ein simples, polares Interpretationsschema gepresst: Sieg oder Niederlage, Gewinn oder Verlust, Vor- oder Nachteil. Es gibt nichts dazwischen. Kennzeichnend für die Wirklichkeitskonstruktion des Verlierers sind das Tilgen jeder Gradualität und die Fixierung an scharfen Zäsuren, deren Angemessenheit und Geltung niemals zur Disposition gestellt werden dürfen. Das soziale Denken und Erleben ist ausgerichtet an kognitiven und moralischen Wasserscheiden, die jederzeit rasche und feststehende Urteile ermöglichen und Orientierungsprobleme gar nicht erst aufkommen lassen.

Verlierer zu sein, ist sowohl ein sozialer als auch ein mentaler Tatbestand. Tatsächlich in einem Wettstreit verloren oder angesichts neuer Umstände Einbußen erlitten zu haben, ist etwas anderes als die grundlegende Disposition, sich als Verlierer *zu fühlen*. Beides kann auseinanderfallen. Mithin ist zwischen ›objektiven‹ und ›subjektiven‹ Gewinnern oder Verlierern zu unterscheiden, wodurch sich formal vier Kombinationsmöglichkeiten ergeben: (1) Gewinner, die sich als Gewinner fühlen, (2) Gewinner, die sich als Verlierer fühlen, (3) Verlierer, die sich als Gewinner fühlen und (4) Verlierer, die sich als Verlierer fühlen.

Der Fall (1) kann hier außer Acht bleiben, weil es sich gar nicht um einen Verlierer handelt. Auch der Fall (3) ist vielleicht nicht besonders häufig, er verdeutlicht aber einen wichtigen Punkt: Es gibt Menschen, die ein beneidenswertes Talent dafür haben, auch großen Missgeschicken und erfahrener Unbill immer noch die eine oder andere positive Seite abzugewinnen, denen es also gelingt, in jeder Situation die Vorteile des Nachteils aufzuspüren. Es sind sonnige Gemüter, die es getrost der Zukunft überlassen, was sich am Ende als Glück oder Unglück herausstellen wird.

Einschlägig sind demgegenüber die Fälle (2) und (4), in denen die subjektive Interpretation der Benachteiligung im Vordergrund steht: Verlierer ist, wer sich als Verlierer definiert. Dabei scheint der Fall (4), bei dem Deutung und Wirklichkeit sich entsprechen, nicht weiter problematisch. Doch der Eindruck täuscht. Es macht kognitiv und emotional einen großen Unterschied, ob sich die Realposition des Verlierers dem definitiven Ausgang einer Konfliktsituation, etwa der Niederlage in einem Boxkampf oder einer verlorenen Schlacht im Krieg, verdankt oder ob sie sich umgekehrt aus der – sehr viel weniger eindeutigen – individuellen Zurechnung der Folgen weitreichender gesellschaftlicher Veränderungen und Makroprozesse (›Modernisierungsverlierer‹, ›Verlierer der Einheit‹) ergibt, die die Betroffenen als gravierende Ungerechtigkeit und Einschränkung ihrer Lebensperspektiven erleben. Zwischen der abgründigen Verzweiflung einer demoralisierten Armee auf dem Rückzug (vgl. von Hentig 1966) und der empörten Dauererregung derjenigen, die sich in ihren Wohlstandschancen und Aufstiegsambitionen durch äußere Einflüsse oder Entscheidungen von ›denen da oben‹ dauerhaft zurückgesetzt fühlen, klaffen Welten. Während der eine die Situation vor allem als Qual und Versagen empfindet, sieht sich der andere als ›Opfer‹ fremder Mächte und anonymer Entwicklungen, die sich jeglicher Einflussnahme entziehen.

Besonders aufschlussreich ist der Fall (2). Man kann einiges oder vieles gewonnen haben und sich trotzdem unbeirrt als Verlierer wähnen. Die Möglichkeiten dazu sind vielfältig: Andere haben erheblich mehr gewonnen als man selber; frühere große Gewinne sind längst selbstverständliche Ansprüche geworden, die nun geringfügig zurückgeschraubt werden müssen; obwohl man in der gegenwärtigen Situation noch gar nichts verloren hat und die Vorteile, die einem zugefallen sind, genießt, antizipiert man zukünftige Einbußen und dramatisiert seine Ängste. Gerade die relativ Privilegierten sind oftmals überaus aggressiv und pflegen ihr Ressentiment. Der Gewinn steigert die Gier und erhöht zugleich die Reizbarkeit für Risiko und Verlust.

Der formale Durchgang zeigt die Relativität und Vielschichtigkeit der Zuschreibungen. Menschen sind außerordentlich erfinderisch, wenn es darum geht, sich die Welt nach ihren ein für alle Mal fixierten Weichenstellungen zurechtzulegen und die Wahrnehmung den eigenen Affekten anzugleichen. Das Verlierertum des Verlierers ist unverrückbar; wo die Wut regiert, haben

Sachlichkeit und Unterscheidung keine Chance. Kognitiv geht es vor allem darum, Heterogenes zu homogenisieren und Uneindeutiges eindeutig zu machen. Hierfür ist das Paradigma des Spiels ein ebenso einfaches wie probates Mittel: Spiele haben stets ein unzweideutiges Ergebnis und hinterlassen die Akteure idealtypisch als Sieger oder Verlierer. (Das manchmal mögliche Remis ist nur eine Ersatzlösung.) Wo vorher Rivalität und spannungsreiche Ungewissheit herrschten, schaffen sie definitive Klarheit. Sie beenden Wahrnehmungsdifferenzen und -diffusionen zugunsten eines für alle verbindlichen unangreifbaren Resultats.

In seiner berühmten Typologie der Spiele unterscheidet Roger Caillois (1960) vier Arten von Spielen: *Agon*, die Spiele des Wettstreits und Kräftemessens, *alea*, Glücksspiele, bei denen der Zufall entscheidet, *mimicry*, die Spiele der Verstellung und Verkleidung und *ilinx*, die Spiele von Rausch und Ekstase. Dabei repräsentieren *agon* und *alea* den Code von Sieg und Niederlage in reiner Form: Wenn der Abpfiff erfolgt ist oder die Würfel gefallen sind, ist das Spiel entschieden. Der Ausgang ist eindeutig und irreversibel. Gewiss kann sich das Blatt, sollte es neue und weitere Spiele geben, auch wieder wenden, an der aktuellen Statuszuweisung als Gewinner oder Verlierer ändert dies jedoch nichts.

Empirisch sind *agon* und *alea* häufig vermischt. Auch in Kampfspielen zwischen Mannschaften entscheiden manchmal Zufall und Glück: Ob der Ball vom Innenpfosten ins Tor oder zurück ins Spielfeld springt, entzieht sich jeder Berechnung. Und ebenso werden diejenigen Spiele, in denen Würfel die Figuren bewegen oder der Zufall die Karten verteilt, am Ende meist doch durch Strategie und Geschicklichkeit entschieden. Dennoch unterscheiden sich die beiden Spieltypen hinsichtlich der Ursachenzuschreibung einer Niederlage diametral: Wo das Schicksal regiert, hat niemand Schuld. Zwar kann man mit ihm hadern, hassen kann man es jedoch nicht. Agonale Unterlegenheit hingegen stürzt den Verlierer oft in ein unentwirrbares Gefühlsgemisch aus Enttäuschung, Selbstanklage und Wut. Der Ärger über das eigene Versagen ist legiert mit der aggressiven Suche nach Erklärungen und Schuldigen. Der vorher so greifbare Sieg ist für immer verloren, der andere hat triumphiert und sich unzweifelhaft als der Stärkere erwiesen. (Es gibt natürlich auch den ›guten‹ Verlierer, der dem Gegner aufrichtig zu seinem Erfolg gratuliert und bei dem trotz der Niederlage die Relevanzen des Sports und des *fair play* im Vordergrund stehen.)

Wichtig ist, dass für den Verlierer des Spiels all diese Emotionen zu einem einzigen Empfinden zusammenfließen. Es ist dieses Zugleich von klar realisierter Irreversibilität, dem Hinnehmen-Müssen eigenen Unvermögens und eigener Unzulänglichkeit und einem kaum zu unterdrückenden Aufwallen diffuser Aggressionen, das sich im Syndrom des Verlierertums manifestiert.

Das andere Referenzsystem des Verlierers ist die bilanzierende Vergleichsrechnung, also der Abgleich von Gewinn und Verlust. Verlierer ist hier, wer Einbußen erleidet, wo andere Vorteile erzielen oder sie ihnen zufallen. Nicht Sieg oder Niederlage, sondern Vor- oder Nachteil, das Vorauseilen der anderen und das eigene ›Zurückbleiben‹ stehen im Zentrum des Wahrnehmungsfeldes. Dies gilt vor allem in materieller Hinsicht: Es sind die *greifbaren* Vorteile und Gewinne, die andere sichtbar genießen und unter deren Nichthaben der Verlierer leidet. Sie haben, was er entbehrt und vermutlich immer entbehren wird.

Der Verlierer ist ein ständiger Rechner und Aufrechner, wobei die Bilanz freilich immer zu seinen Ungunsten ausfällt. Die Gewinne sind stets die Gewinne der anderen, wogegen eigene Erträge nicht zählen oder längst vergessen sind. Ja, manchmal verbucht er auch als Verlust, was er in Wirklichkeit nie besessen hat. Und nimmt anderen übel, dass sie beherzt Chancen ergriffen haben, wo er selbst das Risiko scheute. Insofern sind seine Rechnungen meistens fiktiv: Er wägt nicht tatsächliche Vor- und Nachteile gegeneinander ab, sondern manipuliert seine – häufig wechselnden – Maßstäbe und zugrunde gelegten Kontrastfolien mit großem Geschick immer schon so, dass an seiner Verliererposition keinerlei Zweifel bestehen. Nichts wird ihn je von seiner Vergangenheit losreißen und seinen Fatalismus in Frage stellen. Er ist Pessimist nicht aus Realismus, sondern aus Verstocktheit und Bequemlichkeit.

Das Lebenselixier des Verlierers ist der zwanghafte, bösartige Vergleich. Was ihm das Leben vergällt, ist weniger sein Nachteil als die tatsächliche oder vorgebliche Bevorzugung anderer. Er ist vor allem ein Neider. Als hässliches, in allen Kulturen geächtetes Gefühl verbindet der Neid eine Grunddisposition eigener Inferiorität und Ohnmächtigkeit mit einem starken Zerstörungswunsch gegenüber dem Besitz oder Erfolg des anderen. Nicht Gier, sondern Missgunst, Unglück über das Glück des anderen, treiben ihn an; sein Ziel ist nicht die Gleichheit des Habens, sondern die Egalität des Nichthabens. Die Asymmetrie der Verteilung ist himmelschreiende Ungerechtigkeit, ja aus der Sicht des Neiders erscheint der Besitz des anderen geradezu als etwas, was eigentlich ihm zustünde und jener ihm ›weggenommen‹ habe (vgl. Scheler 1978, S. 10f.). Alles wird hier nach dem Grundmuster eines einfachen Nullsummenspiels aufgefasst: Der Vorteil des anderen *ist* mein Nachteil, er hat nur gewonnen, was ich verloren habe.

Ein Grundmerkmal des Neides ist seine Handlungshemmung (vgl. Paris 2010). Sozial isoliert und moralisch diskreditiert wagt er sich nur selten aus der Deckung und übersetzt seine destruktive Energie in konkretes Tun. Erst wenn er sich in Hass und Ressentiment verwandelt, wird er gemeinschaftsfähig und mündet unter Umständen in kollektive Aktion. Der Verlierer hingegen bleibt normalerweise mit sich und seinen Gefühlen allein. Obwohl viele seine Situation und sein Schicksal teilen, kommt es kaum zu einem gemeinsamen Austausch, sondern eher zu Rückzug und Verharren in aggressiver Resignation. Dies schließt die Gier nach selektiven Informationen, die seine Wirklichkeitskonstruktionen und Schuldzuschreibungen stützen, keineswegs aus: Er will alles wissen, aber er wird nichts tun. Und trotzdem verdichten sich manchmal die verbreiteten, aufgestauten Gefühle von Machtlosigkeit und Benachteiligung zu einer aufgeladenen Atmosphäre von Wut und latenter Bösartigkeit, bei der es nur einen Funken braucht, um das Gemisch zur Explosion zu bringen.

Der Verlierer ist meistens kein Extremist. Der von Hans Magnus Enzensberger (2006) charakterisierte Typus des »radikalen Verlierers« bezeichnet einen Sonderfall, bei dem Einzelne in einem fanatisierten Umfeld Vergeltung für das Verlierertum ihrer Gruppe durch Massenmord und exzeptionelle Grausamkeit üben wollen. Sie verstehen sich gerade nicht als Verlierer, sondern als Helden und Märtyrer. Sicher kann sich auch jemand, der sich selbst als Verlierer sieht, in extremen psychischen Ausnahmesituationen in eine Wahnwelt des Rächers hineinsteigern und seinen ausufernden Gewaltphantasien am Ende die Amoktat folgen lassen. Die Vernichtung der Feinde ist die gerechte Antwort auf die erlittene Schmach und Erniedrigung; aus dem Verlierer ist – und sei es nur für ihn selber! – ein strahlender Phönix geworden.

Dennoch ist die Verwandlung von Stigma in Charisma außerhalb phantasierter Vorstellungen selten. Stattdessen fallen negative Fremd- und Selbstetikettierungen in der Regel zusammen und verstärken sich wechselseitig: Von anderen als Verlierer abgestempelt, sieht er sich auch selbst als Verlierer. Er unterwirft sich ihrem Verdikt und übernimmt es als Selbstanklage – eine Haltung, die freilich rasch in äußere Schuldzuweisungen und Sündenbockkonstruktionen umschlagen kann. Denn auch hier gilt, was man geradezu als ein Grundgesetz des Sozialen auffassen kann: Leid sucht Schuld. Und die beste und einfachste Methode, an der eigenen Misere nicht selbst schuld zu sein, ist nach wie vor die Identifizierung klar konturierter, handlicher Verursacher und Feinde, die natürlich gleichzeitig die Gewinner sind. Dies ist der Prototyp des heutigen Verlierers: Es handelt sich um Menschen, die wild entschlossen sind, sich unter allen Umständen zu kurz gekommen zu fühlen und gleichzeitig anderen dafür die Schuld zu geben.

Doch auch so ist der bohrende Verdacht eigenen Versagens nicht ganz abzuschütteln. Hier hilft *alea*. Sich als geborenen ›Pechvogel‹ zu sehen, als jemand, der sowieso nie eine Chance hatte, ist die letzte Bastion, sich den eigenen Anteil am Zustandekommen der gegenwärtigen Situation nicht eingestehen zu müssen. Gewiss gibt es – oft weichenstellende – größere oder kleinere Widerfahrnisse, glückliche oder unglückliche Fügungen und Wechselfälle, die auf einen Schlag alles ändern, und trotzdem ist es irrig zu glauben, dass Anstrengung und Übung in den biographischen Strategien des ›Durchwurstelns‹ angesichts der Turbulenzen der modernen Gesellschaft keine Bedeutung mehr hätten (vgl. Schimank 1999). Hier zeigt sich noch einmal der Mischcharakter, ja die geradezu programmatisch unaufgelöste Diffusion in den Selbst- und Weltdeutungen des Verlierers und seiner Emotionen: Er changiert ständig zwischen den Polen der Schicksalsabhängigkeit und Vorwürfen eigenen Versagens, der Anonymität und Personalität, der Selbstbezichtigung und Schuldzuschreibung an andere.

Der gegenwärtige Sozialtypus des Verlierers ist ein Kind des forcierten Kapitalismus und der Mediengesellschaft. Mit der schleichenden Transformation der Leistungs- in eine Erfolgsgesellschaft (vgl. Neckel 2008), eine Gesellschaft also, in der ökonomischer oder kultureller Erfolg sich anscheinend immer weniger über – abgestuftes – berufliches Können und erbrachte Leistungen reguliert, sondern ebenso sehr über Chuzpe und Cleverness angestrebt werden kann, ist notwendig eine Favorisierung dualistischer Weltbilder und binärer Kategorisierungen (Erfolg/Misserfolg, Sieg/Niederlage, Glück/Pech) verbunden, die die Überkomplexität und Unübersichtlichkeit der Chancenstrukturen bändigen und den Bedürfnissen nach Simplizität entgegenkommen. Längst hat die Zweiteilung der Menschen in Winner und Loser auch den letzten Schulhof der deutschen Provinz erreicht. Und ebenso legen die Produktions- und Darstellungslogik der Medien solche Deutungsfolien nahe: Sie berichten fortwährend über Handlungen, Entscheidungen und Ereignisse, die einigen Vor- und anderen Nachteile einbringen, und erzählen nette und wahrscheinliche Geschichten von Menschen, die ausziehen, um ihr Glück zu machen.

Ob und inwieweit die Karriere der Dualismen anhält oder sich auf mittlere Sicht vielleicht doch wieder andere Wahrnehmungsweisen durchsetzen, ist eine offene Frage. Die Antwort wird sicherlich auch von der zukünftigen ökonomischen Entwicklung abhängen, obwohl, wie gezeigt, die subjektiven Gewinn- und Verlustrechnungen höchst willkürlich ausfallen können. Dennoch: Wenn Menschen plötzlich Licht am Ende des Tunnels sehen, sind sie manchmal nicht wiederzuerkennen. Auch ›ewige Verlierer‹ schöpfen mitunter neue Hoffnung, die man ihnen gar nicht mehr zugetraut hätte. Oder es gelingt ihnen doch, sich in ihrer Situation so einzurichten, dass die Relevanzen der Unterlegenheit und Benachteiligung allmählich verblassen und andere Orientierungen an Boden gewinnen. Das harte Los des Verlierers ist damit nicht aus der Welt, wohl aber kann der Zwang, sich *nur* als Verlierer zu fühlen, auf diese Weise etwas gelockert werden.

Literatur

Caillois, Roger, 1960: Die Spiele und die Menschen. Maske und Rausch. Stuttgart: Schwab.

Enzensberger, Hans Magnus, 2006: Schreckens Männer. Versuch über den radikalen Verlierer. Frankfurt/M.: Suhrkamp.

Gross, Peter, 1994: Die Multioptionsgesellschaft. Frankfurt/M.: Suhrkamp.

Von Hentig, Hans, 1966: Die Besiegten. Zur Psychologie der Masse auf dem Rückzug. München: dtv.

Neckel, Sighard, 2008: Flucht nach vorn. Die Erfolgskultur der Marktgesellschaft. Frankfurt/M.-New York: Campus.

Paris, Rainer, 2010: Neid. Von der Macht eines versteckten Gefühls. Waltrop-Leipzig: Manuscriptum.

Scheler, Max, 1978: Das Ressentiment im Aufbau der Moralen (1912). Frankfurt/M.: Klostermann.

Schimank, Uwe, 1999: Flipperspielen und Lebenskunst. In: Alois Hahn, Herbert Willems (Hg.): Identität und Moderne. Frankfurt/M.: Suhrkamp, S. 250-272.

HAKEN UND SCHUBLADE

Einige Aspekte von Ordnung in Paarbeziehungen

Wenn Paare sich entschließen, in eine gemeinsame Wohnung zu ziehen und mit dem Kauf einer Waschmaschine ein ›richtiges‹ Paar zu werden (Kaufmann 1994, S. 82), bleiben Komplikationen selten aus. Die Entwicklung synchroner Routinen, das Erlernen der Gemeinsamkeit, intensiviert häufig die Wahrnehmung einer Fremdheit, die man vorher nicht wahrhaben wollte. Hatte man im Stadium der Verliebtheit den anderen idealisiert und ihn auch später meist nur in Ausschnitten seines Alltags erlebt, so schlägt im gemeinsamen Haushalt die Einsicht in das Anderssein des Partners mit ungefilterter Schärfe durch: Der, den man liebt, ist ein anderer als der, den man zu kennen glaubte. Deshalb ist jedes Zusammenziehen stets eine harte Bewährungsprobe der Emotionen und Gewissheiten. Zu übermächtig sind nun die Impulse, den anderen durch mehr oder minder subtile Formen der ›Umerziehung‹ auch tatsächlich dem Bild angleichen zu wollen, das man sich von ihm gemacht hat. Doch gerade dies widerspricht dem Wesen der Liebe diametral: Sie liebt den anderen als Individuum, etwas Unteilbares also, und das heißt eben auch: mit seinen unvermeidlichen Unzulänglichkeiten und Fehlern, denn es sind ja die Fehler dessen, den man liebt.

Andererseits schafft die Gemeinschaft der Partner, der »Aufbruch zu zweit« (Alberoni 1983), tatsächlich eine neue Wirklichkeit. Im permanenten Gespräch, das freilich nur zu einem geringen Teil verbaler Natur ist, verändern die Akteure ihre bisherige Realitätskonstruktion, ›erfindet‹ sich das Paar gleichsam selbst (vgl. Berger/Kellner 1965).[1] Das ist in einer Kultur, in der traditionelle Rollenvorgaben diskreditiert sind und Paare sich oftmals gewissermaßen als Selbstverwirklichungsgemeinschaften[2] begreifen, naturgemäß nicht so einfach; dennoch hilft ihnen die Intensität des Gefühls zunächst über diese Klippe hinweg und ermöglicht ihnen, gerade weil sie *nicht* wissen, was sie tun, eine erste Organisation des Zusammenlebens (vgl. Kaufmann 2000, S. 81f.). Die Einheit des Paars begründet eine neue Ausgangslage, in der jeder seine eingeschliffenen Orientierungen zur Disposition stellen und sich mehr oder minder explizit mit dem anderen abstimmen muss.

Die Situation des Einrichtens

Der Aufbau und die Organisation eines gemeinsamen Haushalts betrifft vor allem zwei Sinnzentren: Ordnung und Sauberkeit. Die Partner müssen sich darüber verständigen und zumindest partiell darauf einigen, welche Standards von Ordnung und Reinlichkeit sie ihrem Zusammenleben zugrunde legen wollen und in welchem Maße sie gewillt sind, Abweichungen zu tolerieren. Dabei sind die Spielräume für Interpretationsdivergenzen und Konsenslösungen in Sachen ›Sauberkeit‹ meist sehr gering: Zu strikt wirken hier die frühkindlich einsozialisierten, sich oft auch in unmittelbaren Körperreaktionen und Ekelgefühlen ausdrückenden Mechanismen, als dass es in diesem Feld realistische Kompromissmöglichkeiten geben könnte. Die hygienischen Normen bestimmt somit im Regelfall der, der die geringere Schmutzschwelle hat – und das heißt zugleich: Wenn er die Arbeit nicht delegieren kann, erledigt er sie eben selbst.

Anders die Frage der Ordnung, die vor allem eine Ordnung der Dinge ist. Hier ist zunächst zwischen Grob- und Feinordnung zu unterscheiden: Schon bei der Auswahl der Wohnung und der Einteilung der Zimmer wird eine generelle Funktionszuweisung vorgenommen, auf die sich das Paar grundsätzlich einigt und die fortan den Rahmen aller weiteren Konsensbildungen abgibt. Weil die baulichen Gegebenheiten und der Grundriss der Wohnung weitgehend feststehen, beschränken sich die Aushandlungsprozesse auf die Ausgestaltung der Räume durch ihre Möblierung. Allerdings können bereits jetzt ›Konsensfiktionen‹, also Einbildungen von Gemeinsamkeiten, die faktisch durchaus unterschiedlich interpretiert werden,[3] eine bedeutsame Rolle spielen: Wenn wir zusammen eine Wohnung besichtigen, richten wir sie ja gewissermaßen ›im Geiste‹ ein, ohne uns darüber Rechenschaft zu geben, dass die Bilder und Vorstellungen des anderen von unseren eigenen möglicherweise erheblich abweichen.

Weit schwieriger stellt sich dieses Problem, wenn es sich um die Feinordnung des gemeinsamen Haushalts handelt. Jetzt geht es um die Platzierung und das Arrangieren der Dinge, die beide in die neue Situation einbringen und die für sie oftmals eine hochindividuelle symbolische Bedeutung haben. Gleichzeitig sind diese Bedeutungen in einen größeren Rahmen habitueller Wertungen und Ordnungskonzepte eingebettet, die sich stark voneinander unterscheiden können. Gewiss wird diese Schwierigkeit und das darin enthaltene Streitpotential oftmals dadurch entschärft, dass jeder eben ›sein‹ Zimmer oder seinen Bereich hat, in dem er ohne Einrede des anderen schalten und walten kann, wie er will. Indem die Wohnung sich faktisch als ein überaus differenziertes und vielfach zerklüftetes Terrain mit unterschiedlichen Anteilen der Definition und spezifischen Zugangsregeln darstellt, bietet sie immer auch zahlreiche Möglichkeiten quasi-privater Separierung, um die Einigungszwänge zu begrenzen und den individuellen Präferenzen und Vorlieben entsprechenden Raum zu geben.

Überall dort jedoch, wo die Räume gemeinsam genutzt werden und neue Umgangsweisen des Zusammenlebens entwickelt werden müssen, kann das Ringen um die Feinordnung der Dinge ein zähes und dauerhaftes Konfliktfeld werden. Der Grund dafür liegt neben der Hypothek sedimentierter Bedeutungen vor allem in der Verzahnung der Gegenstände mit den individuellen *Gewohnheiten*, die jeder der Partner auch in der neuen Situation fortführen will. Einer Gewohnheit zu folgen heißt, ein durch häufige und regelmäßige Wiederholung angeeignetes Handlungsschema ›automatisch‹, also ohne jeden reflektorischen Zwischenschritt, stets in der Weise zu reproduzieren, dass der dabei notwendige Kraftaufwand auf ein Minimum reduziert wird.[4] Wenn wir etwas gewohnheitsmäßig tun, so geschieht dies ohne jede Überlegung und unter größtmöglicher Vermeidung körperlicher Anstrengung und Mühe. In diesem Sinne sind wir mit unseren Gewohnheiten gleichsam verwachsen: Es ist der Körper selbst, der blockiert, wenn der Wohnungsschlüssel nicht an dem dafür vorgesehenen Ort liegt – und der Ärger, der sich ob dieser Misslichkeit einstellt, gründet zuerst in der Unterbrechung dieser eingespulten körperlichen und geistigen Entlastung.

Grundsätzlich sind die Gewohnheiten höchst individuell. Anders als bei sozialen Normen und Regeln, die für standardisierte Situationen erwartbare Verhaltensvorschriften festlegen, handelt es sich bei unseren Gewohnheiten um bloße Regelmäßigkeiten des Verhaltens, die stets individuell ausgeprägt sind und mit denen wir in wiederkehrenden Alltagssituationen die nächstliegenden Aufgaben bewältigen. Hier findet kein sukzessives, an kollektiven Maßstäben ausgerichtetes Orientieren und Ordnen des Wahrnehmungsfeldes statt; die notwendigen Relevanzstaffelungen, die dem Tun unterlegt sind, rasten einfach ein und ermöglichen das völlig problemlose Reproduzieren der jeweiligen Handlungsschemata. Und sofern diese Schemata gleichzeitig Gebrauchsweisen immer derselben Gegenstände und Alltagsutensilien sind, sind individuelle Dispositionen von Entlastung und Kraftersparnis mit dem Versuch der Durchsetzung einer bestimmten, möglichst irreversiblen Ordnung der Dinge auf das Engste verflochten.

Die Situation des Einrichtens stellt das Paar also vor eine doppelte Herausforderung. Einerseits impliziert die Installierung der Ordnung der Dinge von vornherein eine klare Weichenstellung hinsichtlich der Möglichkeit einer weitgehend ungehinderten Fortführung der mitgebrachten Gewohnheiten und ist daher trotz aller Zuneigung und Einigungsbereitschaft oft Gegenstand zäher Streitigkeiten und Verhandlungen (wobei die wirkliche Ursache, nämlich das Festhaltenwollen an zentralen Elementen der früheren Single-Identität, gerade nicht offen thematisiert wird). Zum anderen geht es jedoch um das Treffen konkreter materieller Entscheidungen, d. h. es besteht eben nicht die Möglichkeit, die Sache ›in der Schwebe‹ zu lassen und sich mit der bloßen Fiktion von Einheit und Einigkeit zu begnügen. Kurzum: Das Einrichten erfordert einen – zumindest vorläufigen – *tatsächlichen* Konsens zwischen den Interaktionspartnern, der unter Umständen freilich auch durch mehr oder minder subtilen Druck zustande kommen kann. Schon in der Ordnung der Dinge werden die Machtbalancen innerhalb der Beziehung in gewisser Weise festgelegt und spiegeln sich darin wider.

Die Ordnung des Hakens

Alles Ordnen ist ein Fixieren. Den Gegenständen wird ein fester Ort zugewiesen, an den sie fortan gehören. Sie werden dort aufbewahrt und sind deshalb, wenn sie gebraucht werden, rasch und unproblematisch verfügbar.

Martin Heidegger hat diese alltägliche Ordnung der Dinge mit dem Begriff der »Zuhandenheit« charakterisiert, der gleichzeitig ein abgestuftes System von Nähe und Zugänglichkeit umschreibt:

> »Das Zuhandene des alltäglichen Umgangs hat den Charakter der *Nähe*. Genau besehen ist diese Nähe des Zeugs in dem Terminus, der sein Sein ausdrückt, in der ›Zuhandenheit‹, schon angedeutet. Das ›zur Hand‹ Seiende hat je eine verschiedene Nähe, die nicht durch Ausmessen von Abständen festgelegt ist. Diese Nähe regelt sich aus dem umsichtig ›berechnenden‹ Hantieren und Gebrauchen. Die Umsicht des Besorgens fixiert das in dieser Weise Nahe zugleich hinsichtlich der Richtung, in der das Zeug jederzeit zugänglich ist. Die ausgerichtete Nähe des Zeugs bedeutet, daß dieses nicht lediglich, irgendwo vorhanden, seine Stelle im Raum hat, sondern als Zeug wesenhaft an- und untergebracht, aufgestellt, zurechtgelegt ist. Das Zeug hat seinen *Platz*, oder aber es ›liegt herum‹, was von einem puren Vorkommen an einer beliebigen Raumstelle grundsätzlich zu unterscheiden ist. Der jeweilige Platz bestimmt sich als Platz dieses Zeugs zu ... aus einem Ganzen der ausgerichteten Plätze des umweltlich zuhandenen Zeugzusammenhangs.« (Heidegger 1979, S. 102, Hervorhebungen im Original)

Heideggers Begriff der Zuhandenheit betont die Relationalität der alltäglichen Ordnung. Die Dinge gewinnen Bedeutung für uns sowohl durch ihren habituellen Gebrauch als auch in ihrem Verweisungscharakter, ihrer wechselseitigen Beziehung zueinander. Der Platz einer Sache ist definiert durch die Opposition zu den Plätzen der anderen Sachen, jedes Ding hat seinen Ort, an den es ›gehört‹. Es ist diese *Systematik* der Dinge, die das räumliche Arrangement des Haushalts überhaupt erst als ›Ordnung‹ konstituiert, die fortan als selbstverständliche

Voraussetzung unseres Alltags fungiert und einem Großteil unseres Tuns die unerlässliche Rahmung vorgibt.

Trotzdem gibt es gewisse Unterschiede in der Art und Weise, in der die Gegenstände »wesenhaft an- und untergebracht« sind. Die Zuhandenheit variiert je nach der Funktion der Dinge im Gesamtensemble der Wohnung und der Häufigkeit und Dringlichkeit ihres Gebrauchs. Grundsätzlich lassen sich hier zwei alternative Methoden des Ordnens und der Platzierung voneinander abgrenzen und idealtypisch gegenüberstellen: das Prinzip des Hakens und das der Schublade.

Einen Haken bringt man an, um bestimmte Gegenstände – Bild, Handtuch, Pfannenwender – daran aufzuhängen. Diese müssen umgekehrt über eine Ausbuchtung, eine Öse oder eine Schlaufe, verfügen, um daran aufgehängt zu werden. Aufhängung und Aufhänger gehören zusammen, ohne diese technische Komplementarität ist die Sache sinnlos. Das Ordnungsprinzip des Hakens beruht also auf der Grundvorstellung einer unmittelbaren Verkopplung zwischen der Installation einer speziellen Platzierungsvorrichtung und der konkreten Verwendung des zu platzierenden Gegenstandes. Das Handtuch ›gehört‹ an den eigens zu diesem Zweck im Bad angebrachten Haken (oder – als erweiterte Variante – auf die neben dem Waschbecken in den Raum hineinragende Handtuchstange, die gleichzeitig eine bessere Trocknung erlaubt⁵). Auf diese Weise ist im festen Arrangement der Einrichtung eine bestimmte, relativ starr fixierte Gebrauchsweise des jeweiligen Gegenstandes immer schon vorgegeben, die die problemlose Fortsetzung der eingeschliffenen, hoch ritualisierten Alltagsroutinen etwa des morgendlichen Aufstehens erlaubt und von der nur in seltenen Ausnahmefällen (z. B. überstürzte ›Katzentoilette‹ nach Verschlafen) abgewichen wird.

Das Beispiel des Handtuchs verweist auf zwei Elemente der Gegenstandsbedeutung[6] des Hakens, die für den sinnhaften Aufbau der Ordnungsvorstellung zentral sind. Das erste Merkmal betrifft das, was man den *Aufforderungscharakter* des Hakens nennen könnte: Ein Haken, an dem nie etwas hängt, wirkt irgendwie seltsam und überflüssig. Er ist ohne Funktion. Gerade weil er fast ausschließlich auf seine praktische Bedeutung festgelegt ist, springt uns das Brachliegen seiner Funktion sofort ins Auge. Der Haken, an dem noch nichts hängt, fordert uns gleichsam heraus, einen dafür geeigneten Gegenstand auszuwählen und ihn entsprechend seiner Bestimmung zu nutzen. (Dies gilt naturgemäß weniger für freie Haken in einer ansonsten gut bestückten Hakenleiste: Hier steht die Möglichkeit und Verfügbarkeit eines Platzes für Dinge, die noch keinen Platz haben, im Vordergrund.)

Das zweite Element ist die *Sichtbarkeit* des aufgehängten Gegenstandes. Alles, was am Haken hängt, ist nicht versteckt. Es ist im Blickfeld (nicht nur) des potentiellen Benutzers und steht deshalb unmittelbar zur Verfügung. Sichtbarkeit bedeutet Greifbarkeit, also Verfügung ohne jeden reflektorischen Zwischenschritt. Sie ermöglicht den jederzeitigen Zugriff auf den am Haken hängenden Gegenstand, ist gewissermaßen Zuhandenheit par excellence. Wenn er fehlt, wird dies unverzüglich bemerkt. In dieser ›Warnfunktion‹ vor zukünftigen Unterbrechungen liegt ein wichtiger, über die aktuelle Suspendierung der eingeübten Gewohnheit hinausgehender Aspekt: Das Ordnungsprinzip des Hakens signalisiert uns sofort, wenn etwas *nicht* an seinem Platz ist – mit allen sich daraus ergebenden Konsequenzen.[7]

Der Hauptzweck des Hakens ist das Vermeiden des Suchens. Wo wir etwas suchen müssen, ist es schon nicht mehr zuhanden. Schlagartig tritt das Fehlen des Gegenstandes ins Zentrum des Wahrnehmungsfeldes und stürzt die bisherige Relevanzstaffelung um. Im Modus der Zuhandenheit sind uns sein Ort und seine Verfügbarkeit gewissermaßen *zu* selbstverständlich, als dass wir darauf irgendwelche Aufmerksamkeit verschwenden würden: Er verschwindet gleichsam aus unserem Horizont.[8] Umgekehrt bedeutet dies, dass wir uns gerade deshalb jenen Themen und Aufgaben zuwenden können, die unsere besondere Konzentration erfordern. Der Haken fungiert so als eine der Hauptstützen des Alltagsuniversums unserer Gewohnheiten: Indem er bestimmten ständig benutzten Gegenständen einen festen und berechenbaren Ort zuweist, entlastet er uns von beschwerlichen Orientierungsproblemen und ermöglicht die zielgerichtete Zentrierung unserer Aktivitäten.

Ein letzter Aspekt der Ordnung des Hakens ist die – relative – Starrheit und Irreversibilität. Ist er einmal angebracht, so ist der Haken (und mit ihm der daran aufgehängte Gegenstand) nicht mehr verrückbar. Es ist nicht nur ein fester, sondern auch ein auf unbestimmte Zukunft festgelegter Ort. Die Ordnung des Hakens ist idealtypisch eine Ein-für-allemal-Ordnung, die nur über eine erneute Entscheidung und mit beträchtlichem Aufwand revidiert werden kann. Deshalb muss, wer Haken will, häufig um Haken kämpfen: Weil mit dem Anbringen eines Hakens gleichzeitig eine bestimmte Festlegung zumindest eines Ausschnitts der häuslichen Ordnung erfolgt und die Montage zudem einer ausdrücklichen Entscheidung bedarf, wird oftmals im Vorfeld dieser Entscheidung ein zäher, nicht selten auch verdeckt über gestische Signale, lancierte Geschmacksbekundungen oder Veto-Androhungen vermittelter Konflikt ausgetragen, der die bisher ausgehandelten Fiktionen der Gemeinsamkeit mitunter auf eine harte Probe stellt.

Die Ordnung der Schublade

Nicht alle Dinge (in Wirklichkeit sogar: recht wenige) sind dafür geeignet, an einen Haken gehängt zu werden. Oft fehlen Öse oder Aufhänger, oder der Gegenstand ist einfach zu sperrig oder zu klein, um auf diese Weise deponiert zu werden. Hakengeeignet sind vor allem Mäntel, Handtücher, Kochutensilien und Werkzeuge, die allermeisten Dinge wie Socken, Fotoalben oder allerlei Krimskrams sind es dagegen nicht. Hierfür braucht es Behältnisse, prototypisch: Schrank oder Schublade. In ihnen kann alles aufbewahrt und gelagert werden, was im Laufe der Zeit für den Haushalt angeschafft wurde und sich darin angesammelt hat. Grundsätzlich bewegt sich das Drama der modernen Haushaltsführung zwischen den beiden Polen des Anschaffens und Aufräumens: Was angeschafft wurde, muss auch aufgeräumt werden; und wo aufgeräumt worden ist, entsteht Platz für neue Anschaffungen (vgl. Reschke 1975).

Damit sie nicht als Gerümpel[9] immer im Weg stehen, müssen die Dinge untergebracht werden. In Schränken mit geräumigen Fächern können große Gegenstände, z. B. eine Nähmaschine, verstaut werden, Kleidungsstücke, die zusammengelegt werden, lassen sich darin stapeln, Sakkos, Hemden und Blusen werden auf Bügeln – an Haken! – auf einer Kleiderstange aufgehängt und sind so, nach dem Öffnen des Schrankes, rasch und unproblematisch verfügbar. Schubladen hingegen sind für kleinere, oftmals sehr verschiedenartige Gegenstände vorgesehen, die meistens nur gelegentlich gebraucht werden und dafür eigens hervorgeholt werden müssen. (Eine Ausnahme ist die Besteckschublade in der Küche, in der die verschiedenen Messer, Gabeln usw. in Fächern sortiert sind: eine Unterteilung der Schublade als Vorgabe einer inneren

Ordnung, die die in größerer Anzahl vorhandenen und häufig verwendeten Dinge voneinander separiert.)

Die Ordnung des Haushalts ist ein System der gestaffelten Zuhandenheit. Auch die Gegenstände, die in Schubladen aufbewahrt werden, sind zuhanden – wenn man weiß, wo sie sich befinden. Das erste Kriterium der Ordnung der Schublade ist das Erfordernis einer *mentalen Verdoppelung*. Sicher muss ich auch beim Prinzip des Hakens stets wissen, wo etwas hängt; weil ich die Sache aber immer schon im Blickfeld habe, besteht kaum die Notwendigkeit einer gedanklichen Reproduktion. Dagegen muss ich mir bei Dingen in Schubladen, die zudem weit weniger häufig verwendet werden, oftmals erst in Erinnerung rufen, wo ich sie denn verstaut habe. Zwar gibt es auch hier in der Regel eine Art Routine-Kompass, der mir im Normalfall ein rasches Auffinden erlaubt; doch spätestens dann, wenn die Sache in der dafür ›eigentlich‹ vorgesehenen Schublade fehlt, beginnt eine nervenaufreibende Suche, bei der eine Vielzahl von Schränken und Schubladen geöffnet, durchwühlt und wieder geschlossen werden muss.

Der Hauptunterschied zur Ordnung des Hakens liegt mithin in der Nicht-Sichtbarkeit der in der Schublade deponierten Gegenstände. Die Schublade muss geöffnet werden, um an den Gegenstand zu gelangen, und sie wird nach Gebrauch und erneuter Platzierung wieder zugeschoben. Solange es nicht verwendet wird, bleibt das Ding unsichtbar. Dies hat weitreichende Konsequenzen: Es ermöglicht nämlich die Herstellung eines *Eindrucks* von Ordnung, der auch dann bestehen bleibt, wenn im Innern der Schränke und Schubladen Chaos und Unordnung herrschen. Die Schublade gestattet gewissermaßen unordentliche Ordnung, sie funktioniert als eine probate Option und Methode, das Gerümpel verschwinden zu lassen, es versteckt zu halten und wegzusperren. Und weil es ja nicht mehr im Wege steht, ist es als Gerümpel auch tatsächlich verschwunden und verwandelt sich stattdessen in etwas, was lediglich aufbewahrt wird und bei Bedarf gefunden und verwendet werden kann.

Um dem Chaos im Inneren vorzubeugen, bieten sich Hilfssysteme an. Kleinteile werden in gesonderten Schachteln, Schmuck in Schatullen aufbewahrt, Fächer und Unterteilungen leisten ein Übriges. Überhaupt werden die verschiedenen Schubladen von vornherein für bestimmte Klassen von Gegenständen reserviert, um die Auffindbarkeit zu erleichtern.[10] Alles Suchen ist zuerst ein Sich-Fragen »Wo könnte es sein?«. Auch hier geht die Grobordnung, praktisch und mental, der Feinordnung voraus. Anders als beim Haken, bei dem Sehen und Greifen kurzgeschlossen sind, ist die kognitive Orientierung zunächst auf das generelle Wissen um die Grobordnung beschränkt. Das Ortswissen um die Lagerung bleibt normalerweise im Hintergrund und wird nur bei Bedarf aktiviert. Ja mehr noch: Weil das umschlossene Behältnis den Dingen die Sichtbarkeit raubt, kann auf die Etablierung und das Einhalten einer Feinordnung in vielen Fällen verzichtet werden.

Hinzu kommt ein weiterer Aspekt. Die Nicht-Sichtbarkeit der Dinge, die in Schubladen aufbewahrt werden, verleiht ihnen mitunter die Aura des Geheimnisvollen, des absichtlich Verborgenen. Schränke und Schubladen eignen sich auch als Verstecke,[11] in denen die allerprivatesten Dinge, Briefe oder andere Erinnerungsstücke, aufgehoben werden. Sie sind so dem Zugriff anderer, und zwar nicht nur Fremder sondern auch des Partners, entzogen und werden als besonderes Territorium des Selbst geschützt.[12] Was sich in Schubladen befindet, zeichnet sich nicht zuletzt dadurch aus, dass es zu seinem Gebrauch über den informell festgelegten Rahmen gemeinsamer Nutzung hinaus einer speziellen Autorisierung des Zugangs bedarf, die je nach Intimitätsstufe gewährt, aber auch verweigert werden kann.

Ein letzter Unterschied zur Ordnung des Hakens besteht in der relativen Variabilität der Binnenordnung von Schränken und Schubladen. Wenn eine Schublade überquillt, müssen die Gegenstände eben in anderen Fächern und Schubladen ›untergebracht‹ werden. Die Ordnung der Schublade gestattet nicht nur ein Verschwinden der Utensilien, sie erlaubt bei Bedarf auch ein grundsätzliches Neu- und Umordnen, also ein Umräumen, für das oftmals jedoch erst durch vorheriges ›Ausmisten‹ Platz geschaffen werden muss. Darüber hinaus muss die neue Ordnung auch kognitiv neu gelernt und gespeichert werden – ein Umstand, der eher dem Festhalten an der alten Aufteilung entgegenkommt: Lieber stopft man die ohnehin überfüllte Schublade weiter voll, als dass man gewillt wäre, die Notwendigkeit einer neuen Orientierung auf sich zu nehmen. Hier zeigt sich noch einmal die Grunddifferenz der beiden gegenübergestellten Ordnungsprinzipien: Der Haken ermöglicht die Raschheit des Zugriffs durch eine spezifische Verbindung von Festlegung und Sichtbarkeit, während die Schublade gerade durch den Entzug der Sichtbarkeit den offensichtlichen Eindruck von Ordnung erhöht, dies freilich um den Preis einer ›Verkomplizierung‹ von Zugriff und Zugänglichkeit.

Der Kampf zwischen Haken und Schublade

In seinem berühmten Essay *Der Henkel* (zuerst 1905) diskutiert Georg Simmel am Beispiel der Vase und verschiedener Formen von Vasen und Krügen den grundlegenden Widerstreit zwischen den Prinzipien des Ästhetischen und des Praktischen, der auch sonst bei einer Vielzahl von Gegenständen des täglichen Gebrauchs eine große Rolle spielt. Der Ausgangspunkt ist der Doppelcharakter der

Vase als Kunstgegenstand und Objekt praktischer Handhabung.

»Als ein Stück Metall, tastbar, wägbar, einbezogen in die Hantierungen und Zusammenhänge der Umwelt, ist die Vase ein Stück Wirklichkeit, während ihre Kunstform eine rein abgelöste, in sich ruhende Existenz führt, für die ihre materielle Wirklichkeit der bloße Träger ist. Allein indem das Gefäß nicht, wie das Bild oder die Statue, für eine inselhafte Unberührbarkeit gedacht ist, sondern einen Zweck erfüllen soll – wenn auch nur symbolisch –, da es in die Hand genommen und in die praktischen Lebensbewegungen hineingezogen wird – so steht es gleichzeitig in jenen zwei Welten: während das Wirklichkeitsmoment in dem reinen Kunstwerk völlig indifferent, sozusagen verzehrt ist, erhebt es Forderungsrechte an die Vase, mit der hantiert wird, die gefüllt und geleert, hin und her gereicht und gestellt wird. Diese Doppelstellung der Vase ist es nun, die sich in ihrem Henkel am entschiedensten ausspricht.« (Simmel 1911, S. 127f.)

Im Henkel erweist sich die Vase als ein praktischer Gegenstand, obwohl sie, etwa mit Blumen gefüllt, vorrangig der Verschönerung des Zimmers und seinem Ambiente dienen soll. Als ästhetisches Objekt und ›reiner‹ Kunstgegenstand steht sie hingegen gleichsam außerhalb der praktischen Welt und ist von deren Anforderungen nicht weiter tangiert. Trotzdem hat sie sich auch innerhalb dieser funktionalen Bezüge, nämlich als sicherer Behälter des Wassers, das eingefüllt und entfernt werden muss, zu bewähren. Dem Henkel korrespondiert so die Ausgussöffnung des Gefäßes, die das einfache Entleeren des Inhalts erlaubt:

»Mit dem Henkel reicht die Welt an das Gefäß heran, mit dem Ausguß reicht das Gefäß in die Welt hinaus.« (ebenda, S. 133)

Entscheidend ist nun, dass beides, Henkel und Ausguss, in der besonderen Formgestaltung einerseits so weit wie möglich in den Vasenkörper integriert und ihm angeglichen sein können, die praktischen Erfordernisse also gewissermaßen als Verlängerung des ästhetischen Anspruchs auftreten und ihm untergeordnet werden, oder ob sie umgekehrt sozusagen von außen ›aufgesetzt‹, eben als praktischer Bruch mit diesem Prinzip realisiert werden. Je nachdem, ob der Henkel eher als Ausbuchtung ihrer Formgestalt oder als etwas äußerlich Hinzukommendes und Angesetztes erscheint, ist der Gesamteindruck sehr verschieden. Vase und Henkel repräsentieren für Simmel so den ewigen Konflikt zwischen dem Ästhetischen und dem Praktischen, zwischen Schönheit und Nützlichkeit. Doch wie immer der Widerstreit der Prinzipien in der konkreten Gestalt der Vase oder des Kruges im Einzelnen stillgestellt und gelöst sein mag, er bleibt stets als latente Spannung erhalten und lenkt unsere Präferenzen und Wahrnehmungen.[13]

Der Simmelsche Grundgedanke lässt sich leicht auf die Ordnungsprinzipien des Hakens und der Schublade übertragen. Dies betrifft zunächst die unmittelbare Entsprechung von Henkel und Schubladengriff. Um an den Inhalt von Schränken und Schubladen zu gelangen, müssen sie mit einem Griff oder Knauf geöffnet werden; erst die aufgezogene, also in bestimmter Weise gehandhabte Schublade ermöglicht die Zuhandenheit der darin aufbewahrten Gegenstände. Ebenso wie der Henkel von vornherein als Griff konzipiert ist, funktioniert der Schubladengriff als eine Art waagerechter Henkel. Und auch hier lässt sich eine gewisse Favorisierung der ästhetischen Form gegenüber der praktischen Zweckbestimmung ausmachen: So finden wir bei modernen Kommoden mit Schubladen anstelle der anmontierten Griffe häufig muldenhafte Vertiefungen, die die dominante Glattheit der Oberfläche kaum beeinträchtigen, ja manchmal wird auf das Anbringen von Knauf oder Griff sogar ganz verzichtet, so dass die Schublade nur durch ein Hinterhaken der Finger an der Unterkante aufgezogen werden kann. (Man denke hier auch die große Auswahl verschiedener Designergriffe für Einbauküchen und Wohnzimmerschränke.)

Demgegenüber repräsentiert der Haken den eindeutigen Primat des Praktischen. Gewiss ist auch er oftmals in besonderer Weise geformt und passt sich, etwa als Garderobenhaken, den ästhetischen Vorgaben seiner Umgebung an. Trotzdem bemisst sich sein Funktionswert grundsätzlich daran, ob er sich dafür eignet, dass einer oder mehrere Mäntel oder, im Falle der Hakenleiste in der Küche, allerlei Kochwerkzeuge, Quirl, Küchenschere usw. problemlos an ihm aufgehängt werden können. Es geht stets um die unmittelbare Zuhandenheit durch Sichtbarkeit, also die *rasche* Verfügbarkeit des aufgehängten Gegenstandes nach den jeweiligen Erfordernissen der Situation. Deshalb dominiert der Haken vor allem dort, wo viel gearbeitet (eben: hantiert) oder intensive Körperhygiene betrieben wird: Küche, Bad, Hobbyraum. Wenn das Handtuch nach dem Duschen nicht griffbereit ist, muss ich eben frieren; wo ich den Pfannenwender erst suchen muss, verbrennt mir das Schnitzel.

Das Ordnungsprinzip der Schublade begünstigt hingegen die Möglichkeit, Zimmer und Wohnung primär nach ästhetischen Gesichtspunkten zu gestalten. Schränke und Kommoden nehmen große Massen heterogener Gegenstände auf und bieten zudem geeignete Ablageflächen für allerlei Nippes und Ausstellungsstücke. Ja, der Vorrang der Sichtbarkeit zeigt sich selbst dort, wo von der Logik der Sache her auf das Prinzip des Hakens zurückgegriffen werden muss: etwa dann, wenn die für das Anbringen von Bildern unerlässliche Aufhängungskonstruktion hinter der Rückwand des Bildes verschwindet. Nichts darf den ästhetischen Eindruck, der zugleich ein Eindruck ästhetischer Ordnung ist, stören. Dies gilt natürlich besonders für diejenigen Wohnräume, in denen sich das Paar oder die Familie zur Gesellschaft hin öffnet, in denen also Gäste empfangen werden und Geselligkeit gepflegt wird. Die Wohnung erscheint hier gleichzeitig als ›Spiegel des Selbst‹ ihrer Bewohner *und* der Gemeinschaft des Paars, das sich sowohl nach innen als auch nach außen angemessen repräsentieren will.

Streitigkeiten um die praktische und/oder ästhetische Ordnung des Haushalts haben daher stets einen Doppelcharakter. Einerseits geht es um das mehr und minder explizite Aushandeln einer zumindest vorläufigen Definition von Gemeinsamkeit und Gemeinschaft (Konsensfiktion), also die interne Abstimmung der Partner vor dem Hintergrund je verschiedener Wahrnehmungsweisen und Gewohnheiten; zum anderen muss sich die Einheitsfiktion des Paars aber auch in konkreten Arrangements und dem Aufrichten eines gemeinsamen Selbstbilds nach außen bewähren. Konflikte in diesem Feld stehen deshalb häufig unter großem Einigungsdruck, wobei die Entwicklung tragfähiger Kompromisse jedoch gleichzeitig dadurch erschwert wird, dass eben viel auf dem Spiel steht: Es geht um nicht weniger als die Chance der problemlosen Fortsetzung von Gewohnheiten, die man seit langem praktiziert und von denen man glaubt, dass es ohne sie kein Wohlbefinden geben könne.

Der Gegensatz der Ordnungsprinzipien betrifft indirekt stets das Verhältnis von Arbeit und Entlastung. Ordnung macht Arbeit. Der Haken erleichtert, die Schublade erspart in vielen Fällen die Arbeit des Aufräumens. Der Haken erzwingt gewissermaßen die permanente Platzierung, die Schublade lässt die Dinge erst einmal verschwinden und ermöglicht so das vorläufige Weg- und Aufschieben der Ordnungsarbeit. Und weil das Prinzip der

Schublade einen zunächst geringeren Aufwand gleichzeitig mit einem ästhetisch anspruchsvolleren Eindruck von Ordnung zu verbinden vermag, ist es dort, wo die Befriedigung von Entlastungs- und Erholungsbedürfnissen auf eine besondere Atmosphäre von Wohlgefallen *und* Aufgeräumtheit verwiesen ist, auch unter (kurzfristigen) arbeitsökonomischen Gesichtspunkten angezeigt.

Grundsätzlich repräsentieren Haken und Schublade natürlich nur den Widerstreit zweier Paradigmen von Ordnung, wie er bereits in Simmels Analyse des Henkels zum Ausdruck kommt: den Vorrang des Ästhetischen oder des Praktischen. Die Präferenz für den Haken ist ein Indiz für ein Relevanzsystem, das der unmittelbaren Zuhandenheit den Vorzug vor der ästhetischen Komposition einer wohnlichen Atmosphäre gibt.[14] Die Schublade hingegen trennt das verstaute Gerät von denjenigen Gegenständen, die vorrangig biographischen Sinn ausstellen oder gefallen wollen. Beide Prinzipien im Alltag zu versöhnen oder den Konflikt zumindest in der Schwebe zu halten und in der Herausbildung gemeinsamer Routinen zu tragfähigen *gefühlten* Kompromissen zu kommen, ist die große Herausforderung der Organisation des Zusammenlebens.

Bleibt schließlich die naheliegende (und leidige) Frage der Geschlechteraffinität der hier unterschiedenen Ordnungsprinzipien. Lebenserfahrung und private Einblicke geben dazu, abgesehen von markanten Ausnahmen, eine relativ eindeutige Antwort: Männer votieren in der Regel für den Haken, Frauen bevorzugen die Schublade. Dies zeigt sich oftmals bereits bei der Anschaffung von Gegenständen, also im Kaufverhalten: Während die Männer im Kaufhaus meist zögerlich sind, weil die neu angeschafften Dinge ja auch ihren Platz brauchen, sind viele Frauen von solchen Überlegungen nicht weiter tangiert. Sie kaufen auch, was sie nicht brauchen, ihnen aber gefällt, und wehren Legitimierungszwänge einfach ab: »Frauen sind so.« Dies führt häufig dazu, dass viele Dinge doppelt und dreifach vorhanden sind, so dass die überzähligen Exemplare in Schränken und Schubladen eingelagert werden müssen.

In die gleiche Richtung weist auch der weibliche Hang zum Dekorieren und Umdekorieren. Die Ein-für-allemal-Ordnung, wie sie der Haken repräsentiert, ist dafür ein lästiges Hindernis, schränkt sie doch die Optionen für weitreichende Neugestaltungen erheblich ein. Montierte Festlegungen sind nur mit größerem Aufwand und nach erneuter Konsensbildung zu revidieren. Also beugt man vor und versucht, die Weichenstellung für die Ordnung der Dinge so vorzunehmen, dass zukünftige Änderungen des Arrangements nicht blockiert werden. Freilich geschieht dies immer nur in bestimmten Grenzen und variiert grundsätzlich mit der allgemeinen Funktionszuweisung und Funktionsmischung der Räume, stellt sich also für Küche und Bad anders dar als etwa für die Gestaltung des Wohnzimmers. Und darüber hinaus, so könnte man argumentieren, betrifft der Konflikt ja ohnehin nur die Grundsituation des gemeinsamen Einrichtens, also die Eingangsphase der Haushaltsintegration und des Zusammenziehens.

Dies wäre indes ein Missverständnis. Wenn es richtig ist, dass mit der Ordnung der Dinge gleichzeitig über das Schicksal der – je individuellen – Gewohnheiten entschieden wird, so reicht der latente Konflikt über die Präferenzen des Praktischen oder des Ästhetischen über die Ausgangssituation der Etablierung des gemeinsamen Haushalts weit hinaus und reproduziert sich auch später in allerlei kleinen Reibereien und rituellem Beziehungsgeplänkel.[15] Sicher ist der Streit mit dem Anbringen eines Hakens und der Aufstellung und Befüllung von Schränken und Kommoden erst einmal entschieden und führt so, weil die Festlegung nicht mehr zur Disposition seht, im normalen Alltag gerade *nicht* zu weitreichenden Orientierungsproblemen und Schwierigkeiten: Das Handtuch gehört an den Haken und die Socken kommen in die Schublade. Trotzdem bleibt die Frage, was wann wie herumliegt[16] und ob dies noch im Rahmen der ausgehandelten Grundvorstellung von ›Ordnung‹ tolerierbar ist, stets ein möglicher Anlass oder Gegenstand von Streitigkeiten, auch wenn sich dahinter vielleicht ganz andere Ursachen und Beziehungskonflikte verbergen. Auch wer die Dinge lieber verschwinden lässt, denkt praktisch und verteidigt Gewohnheiten: Sehgewohnheiten nämlich. Und jede Störung, jede Unterbrechung unserer Gewohnheiten wirkt sofort zurück auf die aktuelle Situations- und Beziehungsdefinition und löst entsprechende Reaktionen aus.

Einschlägig sind hier vor allem Jean-Claude Kaufmanns Studien über den Ärger (Kaufmann 2008; 2010, S. 42ff.). Grundsätzlich ist zunächst zwischen Ärger und Unzufriedenheit zu unterscheiden: Ärger kann, muss aber nicht notwendig zu Unzufriedenheit führen, ja der Umgang mit – unvermeidbarem – Ärger kann der Entstehung von Unzufriedenheit sogar vorbeugen und die Entwicklung gemeinsamer Routinen befördern. Während Unzufriedenheit einen dauerhaften Dissens und aufkeimende oder bohrende Beziehungszweifel anzeigt, ist Ärger ein plötzlich aufwallender Affekt, der häufig rasch vergeht und ›verraucht‹. Seine Ursache liegt in der Blockade einer Gewohnheit. Dabei ist es nicht nur die Suspendierung der eingeschliffenen kognitiven und körperlichen Entlastungen, die den Ärger hervorruft, sondern darüber hinaus ein Konflikt zweier rivalisierender Identitäten *im* Individuum, der im Prozess der Paarbildung unausweichlich ist: Wenn ein bestimmter gerade benötigter Gegenstand nicht an dem dafür vorgesehenen und vereinbarten

Ort liegt, weil ihn der andere in seinem anderen Ordnungssinn eben woanders deponiert (in meinen Augen: versteckt) hat, so ärgere ich mich nicht nur über den anderen – nein, mein altes Single-Ich ärgert sich gleichzeitig über das neu angenommene Paar-Ich, das sich für die Partnerschaft und das In-Kauf-Nehmen solcher Unbill entschieden hat. Erst wenn das Paar-Ich im gemeinsamen Hervorbringen synchroner Gewohnheiten allmählich die Oberhand gewinnt, wird der innere Streit der Identitäten, ohne je ganz entschieden zu werden, etwas entschärft:

»Merkwürdigerweise (und im Gegensatz zu dem Bild, das wir davon haben) gibt es am Anfang einer Beziehung sehr viel mehr Ärger als später. Aber der größte Teil davon bleibt unbemerkt, denn er geht schnell vorüber. Kaum ist er aufgetreten, wird er von den beiden Protagonisten schon benutzt, um die gemeinsame Organisation zu verbessern (die jedem von ihnen eine neue Identitätsfacette verleihen wird). Dies geschieht umso leichter, als die Individuen in dieser Phase der Beziehung formbar und offen für Veränderungen sind. Der Ärger wird wie ein Regulator im Prozess der Einigung benutzt und vergeht, wenn dieser abgeschlossen ist.« (Kaufmann 2010, S. 46)

Vor diesem Hintergrund bekommt auch der Kampf zwischen Haken und Schublade eine andere Einfärbung. Er ist kein Konflikt ums Ganze, sondern nur ein üblicher und unvermeidbarer Streit um Geschmack und Gewohnheit, um eine gemeinsame und zumindest vorläufig tragfähige Auffassung von ›Ordnung‹. Trotzdem ist er nicht leicht zu führen: Wir müssen diskursiv klären und zur Disposition stellen, was vorher selbstverständlich war. Auch die Möglichkeit des Einmündens von Ärger in Unzufriedenheit und des Zerbrechens von Konsensfiktionen ist stets gegeben. Doch auch Selbstverständlichkeiten ändern sich – langsam, und oftmals, ohne dass wir es merken. Am Ende landet alles in Schubladen.

Anmerkungen

[1] Die Begriffe »Erfindung« und »Konstruktion« sind, nach allerlei *Gender*-Unfug, mit Vorsicht zu verwenden. Wo immer Menschen Sinn stiften (und sie können nicht anders als das zu tun), wird dieser Sinn von ihnen ›konstruiert‹. Das bedeutet: Er könnte auch anders aufgebaut und zusammengesetzt sein, ebenso wie die gesellschaftlichen Verhältnisse immer auch anders und andere sein könnten. Und trotzdem könnten weder die Verhältnisse noch ihre menschengemachten Deutungen auch nicht *ganz* anders sein: Alle soziale Konstruktion findet ihre Grenze am ›Material‹ des zu Konstruierenden, also an dem, was systematisch konstruiert werden muss: ein Innen und Außen der Zugehörigkeit, der Unterschied der Geschlechter, ein »primäres soziales Gehäuse« der Nachkommenschaft (vgl. Popitz 2006) u. a. m. Aus der enormen Variabilität und Plastizität menschlicher Beziehungen die Vorstellung einer weitgehenden Beliebigkeit der Konstruktion sozialer Tatsachen abzuleiten, ist ideologisch motivierter Unsinn.

[2] Das Interesse an »Selbstverwirklichung« ist durchaus heterogen. In ihm verbinden sich Motive des Authentischen und des sinnlichen Erlebens mit strikt instrumentellen, selbstbezogenen und narzißstischen Einstellungen gegenüber anderen, die in der heutigen Kultur allerdings oftmals die Oberhand haben. Vgl. zu dieser Ambivalenz Taylor 1995.

[3] Vgl. zu diesem Konzept den grundlegenden Aufsatz von Hahn 1983.

[4] Vgl. Kaufmann 1999, S. 177f.: »Das Individuum hat die ununterdrückbare Neigung, an sich selbst mit dem Ziel zu arbeiten, vorgegebene Handlungsschemata immer besser zu inkorporieren. Das Idealmodell, das dabei angestrebt wird, ist der vollkommene Automatismus, der alle Zweifel ausräumt und den Körper von seiner Schwerfälligkeit befreit.«

⁵ In diesem Fall bildet das Handtuch selbst gewissermaßen die Schlaufe, an der es aufgehängt wird. – Auf die zahlreichen (praktischen und ästhetischen) Modifikationen der Ordnungsprinzipien, die sich an einer Vielzahl von Gegenständen, etwa der beidseitig montierten Badstange, aufzeigen und diskutieren ließen, gehe ich hier nicht ein.

⁶ Der Begriff der Gegenstandsbedeutung ist entwickelt bei Holzkamp 1978, S. 25ff.

⁷ Häufig geraten wir deshalb in Panik und versuchen mit aller Macht, den Vorzustand wiederherzustellen: Wir geben nicht eher Ruhe, bis der betreffende Gegenstand gefunden und wieder an seinem Platz ist. Lieber unterbrechen wir aktuell unser Tun, als dass wir in Kauf nähmen, in der künftigen Fortsetzung unserer Gewohnheiten behindert zu sein.

⁸ Vgl. auch Heidegger 1927, S. 69: »Das Eigentümliche des zunächst Zuhandenen ist es, in seiner Zuhandenheit sich gleichsam zurückzuziehen, um gerade eigentlich zuhanden zu sein.«

⁹ Zur Definition und Klassifizierung von Gerümpel vgl. Kingston 2009, S. 27ff.

¹⁰ Entsprechend gibt es, wo viele im Prinzip gleichartige Gegenstände aufbewahrt werden, häufig Spezialausführungen etwa von Apothekenschränken, die eine Vielzahl von Schubladen haben, die allerdings eigens beschildert werden müssen, um ihren Inhalt anzuzeigen.

¹¹ So hatten in früheren Zeiten luxuriöse Schränke manchmal Geheimfächer, die im alltäglichen Umgang mit dem Schrank verborgen blieben und an die man nur herankam, wenn man über die ausgeklügelte Mechanik des Zugangs Bescheid wusste.

¹² Zu den verschiedenen Arten von »Besitzterritorien« und den Varianten ihrer Verletzung vgl. Goffman 1974, S. 56ff. – Auf die fließenden Übergänge und die damit verbundenen Legitimierungszwänge der inneren Abgrenzungen von Privatheit verweist Burkart 2002, S. 404f.

¹³ Heutzutage – nach dem Siegeszug des Designs – haben Vasen freilich nur noch selten Henkel oder Ausguss, sondern sind stattdessen von vornherein als rein ästhetische Objekte konzipiert, die keinerlei Abweichungen vom dominierenden Formprinzip mehr aufweisen. Insofern wäre die Simmelsche Analyse heute vielleicht besser an einem Krug oder einer Karaffe zu veranschaulichen (was die Triftigkeit der Argumentation natürlich nicht schmälert).

¹⁴ Obwohl natürlich umgekehrt auch die Dominanz des Zuhandenen eine spezifische Ästhetik und Wohnlichkeit hervorbringen kann, die ihren ganz eigenen Reiz ausübt. Man denke hier etwa an das gemeinsame Zusammensitzen in der Küche als dem häufigsten Zentrum der familialen Geselligkeit. Insofern ist die hier getroffene Gegenüberstellung sicher höchst relativ und lässt auch praktisch die unterschiedlichsten Abstufungen und Mischungsverhältnisse zu.

¹⁵ Hierzu ein kleines Beispiel. So habe ich verschiedentlich beobachtet, dass Männer, die gemeinhin für den Müll zuständig sind, die als Müllbeutel verwendeten Plastik-Einkaufstaschen nach ihrer Befüllung aus dem Mülleimer nehmen und sie dann, bevor sie heruntergetragen werden, zwischenzeitlich an Türklinken – als Ersatzhaken! – aufhängen, damit weiterhin anfallender Müll noch aufgenommen werden kann. Dies missfällt allerdings den Frauen, die die Mülltaschen sogleich vor die Wohnungstür in den Hausflur stellen, ihnen also die Sichtbarkeit entziehen.

¹⁶ Man denke hier auch an die bekannte, schon in der Antike aufgeworfene Rätselfrage des Haufens, die auf die Unklarheit abstellt, von welchem Zeitpunkt an eine bestimmte, auf eine Tischplatte gestreute Menge von Weizenkörnern einen ›Haufen‹ bildet.

Literatur

Alberoni, Francesco, 1983: Verliebt sein und lieben – Revolution zu zweit. Stuttgart: Deutsche Verlags-Anstalt.

Berger, Peter L., Hansfried Kellner 1965: Die Ehe und die Konstruktion der Wirklichkeit. In: Soziale Welt 16, S. 220-235.

Burkart, Günter, 2002: Stufen der Privatheit und die diskursive Ordnung der Familie. In: Soziale Welt 53, S. 397-413.

Goffman, Erving, 1974: Das Individuum im öffentlichen Austausch. Mikrostudien zur öffentlichen Ordnung. Frankfurt/M.: Suhrkamp.

Hahn, Alois, 1983: Konsensfiktionen in Kleingruppen. Dargestellt am Beispiel von jungen Ehen. In: Friedhelm Neidhardt (Hg.): Gruppensoziologie. Perspektiven und Materialien. Sonderheft 25 der Kölner Zeitschrift für Soziologie und Sozialpsychologie, Opladen: Westdeutscher Verlag, S. 210-232.

Heidegger, Martin, 1979: Sein und Zeit (1927). 15. Aufl., Tübingen: Niemeyer.

Holzkamp, Klaus, 1978: Sinnliche Erkenntnis – Historischer Ursprung und gesellschaftliche Funktion der Wahrnehmung. 4. Aufl., Königstein/Ts.: Athenäum.

Kaufmann, Jean-Claude, 1994: Schmutzige Wäsche. Die eheliche Konstruktion von Alltag. Konstanz: UVK.

Kaufmann, Jean-Claude, 1999: Mit Leib und Seele. Theorie der Hausarbeit. Konstanz: UVK.

Kaufmann, Jean-Claude, 2000: Rolle und Identität: Begriffliche Klärungen am Beispiel der Paarbildung. In: sozialer sinn 1, S. 67-91.

Kaufmann, Jean-Claude, 2008: Was sich liebt, das nervt sich. Konstanz: UVK.

Kaufmann, Jean-Claude, 2010: Wenn ICH ein anderer ist. Konstanz: UVK.

Kingston, Karen, 2009: Feng Shui gegen das Gerümpel des Alltags. Reinbek bei Hamburg: Rowohlt.

Popitz, Heinrich, 2006: Das primäre soziale Gehäuse. In: Ders.: Soziale Normen. Frankfurt/M.: Suhrkamp, S. 187-202.

Reschke, Karin, 1975: Anschaffen und Aufräumen. In: Kursbuch, Heft 41, S. 150-160.

Simmel, Georg 1911. Der Henkel. In: Ders.: Philosophische Kultur. Gesammelte Essays. Leipzig: Klinkhardt, S. 127-136.

Taylor, Charles 1995. Das Unbehagen an der Moderne. Frankfurt/M.: Suhrkamp.

Nachweise

Leidenschaft – eine Skizze. In: Holger Andreas Leidig (Hg.): Leidenschaften. Symposium zum 65. Geburtstag von Hans Peter Dreitzel. Berlin: dissertation.de 2001.

Ein Ball. Soziologiekolumne. In: Merkur Nr. 668, 12/2004.

Sonnenbaden. Zur Kulturanalyse eines Massenphänomens. In: Rüdiger Fikentscher (Hg.): Badekulturen in Europa. Halle: Mitteldeutscher Verlag 2010. (Eine frühere Fassung erschien in der Wochenendbeilage der Frankfurter Rundschau vom 6.7.1985.)

»Die Zeit entsteht mit der Unlust«. Eine kleine Soziologie des Wartens. Vortrag im Rahmen der Sendereihe »Die Aula« im Südwestrundfunk, gesendet am 16.3.2003. (Der Text basiert auf einem größeren Aufsatz über »Warten auf Amtsfluren«, der im Heft 4/2001 der Kölner Zeitschrift für Soziologie und Sozialpsychologie erschienen ist.)

Die Normalität der Macht. In: fiph-Journal Nr. 14, Forschungsinstitut für Philosophie Hannover 2009.

Die Schwerkraft der Gewohnheit. Über den Unfug permanenter Reformen. In: Handelsblatt vom 21.5.2008.

Gehorsam. In: Peter Heinrich, Jochen Schulz zur Wiesch (Hg.): Wörterbuch der Mikropolitik. Opladen: Leske + Budrich 1998.

Solidarische Beutezüge. Zur Theorie der Seilschaft. In: Merkur Nr. 513, 12/1991.

Die Kunst der Intrige. Vortrag im Rahmen der Sendereihe »Die Aula« im Süddeutschen Rundfunk, gesendet am 31.3.1997. (Der Text ist die gekürzte Vortragsfassung eines Aufsatzes, der im November 1996 unter dem Titel »Negatives Organisieren. Das Muster der Intrige« im Heft 70 der Zeitschrift Freibeuter erschienen ist.)

Vom Misstrauen. Soziologiekolumne. In: Merkur Nr. 673, 5/2005.

Der Verlierer. In: Stephan Moebius, Markus Schroer (Hg.): Diven, Hacker, Spekulanten. Sozialfiguren der Gegenwart. Berlin: Suhrkamp 2010.

Haken und Schublade. Einige Aspekte von Ordnung in Paarbeziehungen. In: Heinz Bude, Michael Dellwing, Scott Grills (Hg.): Kleine Geheimnisse. Alltagssoziologische Einsichten. Wiesbaden: Springer VS 2015.

Alle Beiträge wurden neu durchgesehen und gelegentlich leicht überarbeitet.

RICHARD UTZ

BLIND DATES

Soziologische Begegnungen mit dem Alltäglichen

Gebunden, 208 Seiten

ISBN 978-3-944512-01-3

Euro 19,80

Alle Essays verdanken sich unerwarteten Anfragen und spontanen Antworten. Rasch kam ein Titel in den Sinn und von ihm ließ sich der Autor festlegen. Pure Lust an plötzlicher Reflexion und Vertrauen auf weitere Einfälle, Reinfall nicht ausgeschlossen, ermunterten zu tieferen Bohrungen. Ihre Themen suchen sie sich im Naheliegenden, im alltäglich ›Allzualltäglichen‹. Das Selbstverständliche wird zum »Abenteuer des Geistes« (Georg Simmel), zu einem »Blind Date« mit der Wirklichkeit, sobald wir die Komplizenschaft mit seiner fraglosen Gültigkeit aufkündigen und ihm auf diese Weise etwas von der überraschenden Außeralltäglichkeit zurückgeben, die es am Tag seiner Erfindung gehabt haben mag.